우리가 지켜야 할 우리 나무

소나무

우리가
지켜야 할
우리
나무

소나무

고규홍

다산기획

나무와 더불어 살아가는
아름다운 내일을 꿈꾸며

　천 년을 품어온 나무의 이야기를 들으려 온종일 나무 주위를 서성이면서 나는 십이 년의 세월을 온전히 나무 앞에 내어놓고 살아왔어요. 나무의 속살거림에 몰두할수록 나무들은 나를 반겨 맞이했고, 숨겨두었던 이야기들을 넉넉하게 풀어냈습니다.

　나무들은 빨강·파랑·노랑, 짙은 색 크레파스로 색칠한 것만큼 아름다운 이야기를 조근조근 들려주었어요. 모두가 동화처럼 아름답고 따뜻한 이야기들이었지요. 그리 아름다운 이야기만 골라서 들려준 건 아마 나무들도 이 땅의 아이들을 먼저 떠올린 까닭일 거예요. 나무들을 찾아다닌 모든 길에는 언제나 아이들의 아름다운 마음이 함께했지요. 덕분에 나무를 찾아다니는 고된 길이 즐겁고 행복했습니다.

　나무를 찾아다니며 나무 이야기를 들으려 했는데, 나무는 내게 사람 이야기를 들려주었습니다. 나무가 들려준 이야기는 이 땅에서 살아온 우리 아버지, 아버지의 아버지, 또 그 아버지의 아버지들이 살아온 평범한 살림살이 이야기였어요. 나무에 기대어 앉아 나무줄기에 귀 기울이면, 내 어머니 아버지가 살아온 옛이야기를 듣는 것처럼 편안하고 따뜻했습니다.

　나무는 우리 조상의 삶 자체였어요. 나무줄기 속, 보이지 않는 나이테에 기록된 건 수백 수천 년을 이어온 우리 민족의 문화였고, 역사였습니다. 나무는 그렇게 긴 세월 동안 줄기 속에 고이 담아두었던 숱한 이야기들을 천천히 그러나 끊임없이 들려주었습니다. 한 번 풀어내기 시작한 나무들은 어떤 이야기책이나 역사책 못지않게 풍성한 이야기들을 풀어 놓았지요.

　이야기들은 하나같이 흥미진진했고, 어머니의 품처럼 따뜻했습니다. 나무가 삼백 년, 오백 년, 혹은 천 년이 넘도록 자신의 이야기를 흥미롭게 들어줄 사람들을 기다려 왔던 까닭이겠지요. 그 나무 앞에 내가 서 있다는 게 무척 행복했고 자랑스러웠습니다.

그렇게 이 땅을 지키며 살아온 대표적인 나무가 소나무·느티나무·은행나무입니다. 우리 민족 문화의 가장 중요한 알갱이가 바로 이 세 종류의 나무에 담겨 있어요. 우리나라 사람들이 가장 좋아하는 소나무에는 선비들의 지조와 절개가 담겨 있고, 마을 어귀마다 서 있는 느티나무에는 지극히 평범한 우리 어머니 아버지의 삶이 생생하게 녹아 있어요. 또 살아 있는 생명체 가운데 가장 강인한 생명력을 가진 은행나무는 불교와 유교의 건축물과 선비들의 글방 앞에서 학문 연구의 상징으로 살아남았습니다.

세 종류의 나무 이야기를 한꺼번에 우리 아이들에게 들려줄 수 있게 돼 참으로 기뻐요. 지금 이 책을 펼쳐든 아이들이야말로 이 땅의 내일을 더 아름답게 꾸며나갈 주인들이라는 생각에서 더 그렇습니다.

이제 가만히 나무 그늘에 들어서서 나무가 내쉬는 날숨을 한껏 들이마시고, 또 내 몸을 돌아 나온 나의 날숨은 나무에게 꼭 필요한 들숨이 된다는 걸 느껴야 합니다. 그렇게 나무와 더불어 살아 있음을 느끼는 순간이 곧 이 땅의 내일을 더 아름답게 이루어낼 수 있는 마음 다짐의 첫걸음이기 때문이에요.

소나무·느티나무·은행나무들이 풀어낸 이야기를 담아낸 이 세 권의 책이 아이들의 그 힘찬 걸음걸이에 힘을 보탤 수 있기를 바랍니다. 그래서 우리 아이들과 함께 이 땅의 내일이 더 아름답고 풍요롭게 다가오기를 간절히 소망합니다.

2010년 겨울
고규홍

나무와 더불어 살아가는 아름다운 내일을 꿈꾸며 · 4

반갑다, 소나무야! · 8
　나무가 좋다! 우리나라에서 가장 아름다운 소나무 · 12
　합천군 묘산면 화양리 소나무

1부_ 소나무는 어떤 나무일까?

소나무는 언제 어디에서 왔을까? · 20
　나무가 좋다! 마을의 평화를 지키는 수호나무 · 26
　괴산 연풍면 적석리 소나무

소나무는 어떻게 자랄까? · 30
　나무가 좋다! 용트림하며 하늘로 솟아오른 소나무 · 36
　이천 백사면 도립리 반룡송

소나무도 꽃을 피울까? · 42
　나무가 좋다! 정다운 부부처럼 자란 소나무 · 46
　포천 직두리 부부송

2부_ 소나무에는 어떤 종류가 있을까?

아름답게 자란 소나무, 반송 · 52
　나무가 좋다! 구천의 가지가 하늘을 향해 뻗은 소나무 · 56
　무주 설천면 반송

줄기가 하얗게 빛나는 소나무, 백송 · 60
　나무가 좋다! 추사 김정희 선생님이 사랑한 나무 · 64
　예산 백송

땅을 향해 처진소나무와 하늘로 뻗은 금강소나무 · 70
　　　나무가 좋다! 막걸리 마시는 소나무 · 74
　　　운문사 처진소나무

바닷가에서 자라는 소나무, 곰솔 · 78
　　　나무가 좋다! 사람의 소원을 하늘에 전하는 소나무 · 84
　　　제주 곰솔

3부_ 소나무와 우리 문화

우리나라 사람들이 소나무를 귀하게 여긴 까닭은? · 90
　　　나무가 좋다! 임금 같은 기품을 갖춘 소나무 · 94
　　　괴산 청천면 삼송리 왕소나무

우리 문화의 가장 으뜸 자리에 있는 나무는? · 98
　　　나무가 좋다! 높은 벼슬의 기품 있는 소나무 · 102
　　　속리산 정이품송

소나무가 소원을 들어준다고? · 108
　　　나무가 좋다! 나라에 세금을 내는 소나무 · 112
　　　예천 석송령

나무에 얽힌 신화의 비밀 · 116
　　　나무가 좋다! 무서운 전설을 잔뜩 품은 소나무 · 120
　　　상주 화서면 상현리 반송

4부_ 우리 소나무 지키기

우리 소나무를 지켜주세요! · 128
　　　나무가 좋다! 늙은 소나무들의 노래 · 136
　　　하동 송림

　　　찾아보기 · 142

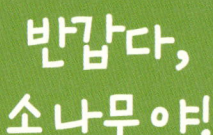

반갑다, 소나무야!

여러분은 나무를 좋아하나요? 그렇다면 나무 중에서는 어떤 나무를 좋아하나요? 우리나라의 산과 들에는 참 많은 나무가 있어요. 그 나무들 가운데서 특별히 더 좋아하는 나무가 있나요?

우리나라 사람들이 가장 좋아하는 나무는 무슨 나무일까요? 바로 소나무입니다. 여러분은 소나무를 좋아하나요?

우리나라 국가인 〈애국가〉 2절을 떠올려 보아요. '남산 위에 저 소나무, 철갑을 두른 듯' 이라고 시작하지요. 애국가의 한 소절 한 소절에는 우리나라를 상징하는 자연이나 정신이 담겨 있어요. 그런 애국가에 나오는 나무 한 그루가 바로 '소나무' 입니다. 그건 무얼 뜻할까요? 소나무가 우리 민족의 삶과 정신을 가장 잘 드러내기 때문 아니겠어요.

예로부터 우리 민족은 소나무와 함께 살아왔습니다. 옛사람들은 '우리 민족은 소나무 가지를 꺾어 태어났음을 알리고, 소나무로 만든 집에서 살면서, 소나무 장작을 태워 지은 밥을 먹고 살다가, 소나무로 만든 관에 들어가 죽는다' 는 말까지 했습니다. 소나무 없이 우리의 삶을 표현하는 다른 방법이 없다는 이야기지요.
 우리 지금부터 조금씩 소나무가 도대체 어떤 나무인지 알아보기로 합시다. 어떻게 우리 민족의 삶에 이토록 깊이 들어와 있는지, 지금은 어떤 상태인지, 그리고 우리는 민족의 나무인 소나무를 어떻게 지켜내야 하는지 알아보아요.

 먼저 소나무의 이름에 대해 알아봅시다. 소나무는 '솔'과 '나무'가 붙어서 만들어진 이름입니다. 여기에서 '솔'은 참 중요한 이름이에요. 원래 '솔'은 '수리'라는 순수 우리말에서 나왔지요. '수리'는 '우두머리' 혹은 '으뜸'을 뜻하는 말이고요. 그러니까 원래 만들어진 대로 소나무의 이름을 풀어보자면 '나무 중의 우두머리' 혹은 '나무 중의 으뜸'이라는 뜻이 되겠지요. 결국 '소나무'라는 이름은 '나무 중에 가장 훌륭한 나무'라는 뜻인 겁니다.

한자 이야기를 하면 좀 어려울까요? 그래도 우리 문화의 상당 부분이 한자를 바탕으로 이루어졌으니, 그 뿌리를 살펴보려면 한자 이야기를 하지 않을 수 없어요. 하지만, 소나무의 한자는 그리 어렵지 않으니 천천히 알아봅시다.

한자로 소나무는 '松송'이라고 씁니다. 그리 어려운 글자는 아니죠? 가만히 松송이라는 한자를 조금 더 살펴보아요. 松송은 왼쪽의 木목 자와 오른쪽의 公공 자가 붙어서 만들어졌네요. 木목은 나무를 뜻하는 글자예요. 그러면 옆의 公공은 무슨 뜻일까요? 公공은 벼슬을 뜻해요. 이제 알겠지요? 松송은 '벼슬 나무'라고 보면 되지 않을까요. 좀 더 풀어서 이야기하면, '벼슬을 해도 좋을 만큼 훌륭한 나무'라는 뜻이라 보면 될 겁니다. 松송은 중국에서 붙인 소나무의 한자 이름인데, 중국 사람들도 소나무를 매우 좋은 나무로 여겼던 모양입니다.

이리 보나 저리 보나 소나무는 우리 문화에서 '매우 훌륭한 나무'임에 틀림없습니다. 애국가에 우리 민족을 상징하는 나무로 내세워도 별 문제가 없을 만큼이지요. '소나무'의 이름에 얽힌 뜻을 알고 보니, 소나무 외에 애국가에 등장시킬 다른 훌륭한 나무도 없을 듯하네요.

이렇게 소중한 소나무에게 우리의 관심과 사랑을 좀 더 보여야 합니다. 그것도 조금 빨리 서둘러야 해요. 우리 땅의 소나무들이 지금 많이 아프거든요. 소나무를 더 사랑하지 않는다면 앞으로 몇십 년 안에 이 땅에서 자라는 모든 소나무가 완전히 사라질지도 모르는 상황이랍니다.

뒤에 차근차근 이야기하겠지만, '소나무재선충병'이라는 무척 위험한 병이 매우 빠른 속도로 번지고 있기 때문입니다. 요즘 조금 주춤해졌지만, 언제 다시 빠르게 퍼져 나갈지 모르는 상황이어서 조심해야 합니다. 이 병이 고약한 것은 한번 걸리기만 하면 죽을 수밖에 없어요. 현재까지의 기술로는 치료할 수 없거든요.

게다가 최근에는 솔껍질깍지벌레라는 해충까지 소나무를 못살게 굴고 있지요. 또 요즘 자주 이야기하는 지구온난화도, 소나무가 건강하고 싱싱하게 살아가기에는 좋지 않은 환경을 만들어요. 차츰 그 까닭들을 알아보기로 해요.

어쨌든 우리 으뜸 나무인 소나무를 우리 땅에서 사라지고 말게 그냥 둘 수는 없잖아요. 지금 우리가 소나무를 잘 지키지 못한다면, 우리 후손들은 애국가를 부르면서 '소나무'가 어떤 나무인지 모르는 불행한 일이 벌어질지도 모른답니다. 자, 이제 멋진 소나무들을 만나보고, 아울러 우리 소나무를 지키는 법을 알아봅시다.

우리나라에서
가장 아름다운
소나무

나무가 좋다! 합천 묘산면 화양리 소나무

사람들은 나무의 생김새를 놓고 멋지다, 훌륭하다, 아름답다 등 여러 가지 이야기를 합니다.

사람마다 생각과 보는 기준이 달라서 모두가 똑같이 '세상에서 가장 아름다운 나무'라고 할 수 있는 나무를 찾아내는 건 어려울 거예요. 어떤 친구에게는 자기 집 앞의 버드나무가 세상에서 가장 아름다운 나무이겠지만, 어떤 친구에겐 다른 나무가 그보다 훨씬 멋지고 훌륭하게 보일 수 있어요.

이렇게 사람마다 느끼는 감정과 보는 눈이 다른 것은 충분히 인정합니다만, 지금까지 살아 있는 우리나라 소나무 가운데 가장 아름다운 소나무를 꼽을 때, 어김없이 첫손에 꼽는 나무가 있어요. 나는 십 년이 넘도록 우리나라에서 오랫동안 살아온 멋진 나무들을 찾아다녔거든요. 물론 많은 소나무들이 멋진 모습을 자랑합니다. 하지만 내가 그동안 찾아보았던 나무 가운데 가장 훌륭하고 멋진 소나무로 꼽는 데 단 한 번도 머뭇거렸던 적이 없을 정도로 멋진 나무가 있어요. 우리 그 소나무를 만나러 슬슬 떠나봅시다.

소나무 이야기를 하면서 가장 먼저 소개하는 이 소나무는 경상남도 합천군 묘산면 화양리라는 깊은 산골짜기 마을에 있는 나이 많은 소나무입니다. 화양리는 정말 사람 사는 마을이 있을까 싶을 만큼 깊은 산골이지요. 찾아가는 길도 적잖이 험하답니다. 굽이굽이 비탈이 급하게 난 산길을 돌고 도는데, 길이 좁아서 마주 오는 자동차나 경운기를 만나게 될까 봐 조마조마하면서 한참 올라가야 한답니다. 그렇게 힘들여 올라가면 아름답고도 커다란 소나무 한 그루, 우리의 대표 선수 소나무를 만나게 되지요.

화양리 소나무는 나라에서도 천연기념물 제289호로 지정해서 정성껏 보호하는 나무입니다. 천연기념물 아시죠? 천연기념물은 우리나라에 살아 있는 생물 가운데, 오래도록 보존해야 할 만큼 귀중한 생물을 찾아내 문화재청에서 지정한 것으로, 사람으로 치면 벼슬이나 마찬가지입니다. 쉽게 말하면, 우리나라 최고의 보물 가운데 살아 있는 생물을 가리키는 것이니 '살아 있는 보물'인 셈이지요.

앞에서도 이야기했지만, 화양리 소나무는 아마 우리나라에 지금까지 살아 있는 소나무 가운데에 그 아름다움이 최고라 해도 틀리지 않을 것입니다. 그러니 우리나라 소나무 가운데 '대표 선수'라고 해도 되지 않을까요? 워낙 잘 생긴 미남형 나무여서 한번 이 소나무를 본 사람은 평생토록 잊지 못할 겁니다.

나무가 서 있는 곳은 산비탈 다랑논 중간쯤이에요. 다랑논 아세요? 산촌에 가면 다랑논을 흔히 볼 수 있어요. 산골짜기의 비탈진 곳을 마치 계단처럼 한 층 한 층 평평하게 일군 뒤에 물을 가두어 농사짓는 논을 말합니다. 이 다랑논 가장자리에 나무가 우뚝 서 있어요. 산 위쪽으로는 오두막집들이 옹기종기 모여 있고, 산 아래쪽으로는 다랑논이 줄지어 있는데, 주변의 풍경과 소나무가 더없이 멋지게 어울린답니다.

옛날 집들이 스무 채 정도 옹기종기 모여 있는 이곳은 '나곡마을'이라는 평화로운 산골 마을입니다. 마을 입구까지 난 산길을 따라 올라가면 자동차를 몇 대 세울 수 있는 자리가 나오지요. 그 자리에서 산 아래

쪽을 내려다보는 풍경이 참 멋집니다. 그 풍경의 한쪽 끝자리에 바로 화양리 소나무가 서 있어서 더없이 아름다운 산촌 풍경이 펼쳐지는 겁니다.

화양리 소나무는 나곡마을의 안녕과 평화를 지켜주는 수호목이면서, 마을을 상징하는 상징목이기도 해요. 나이는 무려 500살쯤 됐다고 합니다. 사람의 기준으로 한 세대를 30년 정도로 본다면, 적어도 17세대 이상을 살아온 겁니다. 대단한 생명력이지요.

키도 무척 커요. 18미터 정도 됩니다. 18미터면 얼마나 큰지 짐작할 수 있나요? 아파트 같은 큰 건물들의 한 층 높이는 2.5미터에서 3.5미터쯤 됩니다. 아파트 한 층 높이를 평균 잡아 3미터로 치면, 적어도 아파트 6층 높이가 되는 큰 나무라는 이야기예요.

한 번 상상해 보세요. 아파트 앞에 나무 한 그루가 있는데, 그 나무가

6층 집 창문까지 가지를 뻗어 올렸다고요. 얼마나 큰 나무인지 이제 알겠죠?

나무의 크기를 잴 때 키만큼 중요하게 여기는 게 있어요. 반드시 어른들의 가슴높이쯤에서 나무의 둘레를 재는 거죠. 어른들이 큰 나무 이야기를 할 때 "그 나무가 몇 아름이나 되냐?"라고 묻는 걸 들은 적 있나요? 나무 주위에 둘러서서 서로 손을 마주 잡을 때 몇 사람이나 둘러서야 하느냐고 묻는 거예요. 바로 그 '아름'과 같은 기준으로 사람 가슴높이에서 줄기둘레를 재는 거예요.

화양리 소나무의 가슴높이 줄기둘레는 6미터나 됩니다. 어른 키를 평균 170센티미터쯤으로 보면 양팔을 펼친 길이도 키와 비슷해요. 그러니 나무의 둘레는 네 아름, 어른 네 명이 둘러서야 겨우 손을 맞잡을 수 있다는 이야기가 됩니다. 어린이들이라면 다섯 명은 둘러서야겠지요?

이 정도면 굉장히 큰 나무 맞죠? 우리 소나무 가운데에는 물론 이보다 더 큰 나무가 꽤 있어요. 그래서 크기로는 나라 안에서 최고라 할 수 없지만, 전체 모습은 우리나라에 살아 있는 소나무 가운데에서 정말 최고입니다. 땅에서 줄기가 솟아오르다가 3미터 높이쯤 되는 부분에서 굵은 가지가 크게 셋으로 갈라졌고, 각각의 가지 끝에서 다시 작은 가지들이 고르게 나뉘며 퍼졌어요. 사방으로 골고루 퍼진 가지들은 20미터를 훌쩍 넘는답니다. 정확히는 동서 방향으로 25미터, 남북 방향으로는 23미터나 되지요. 500살이나 된 나무이지만 싱싱하고 건강해서 참 신기할 정도예요.

나곡마을에 사는 어른들은 이 나무를 구룡목이라고도 부르지요. 구룡목은 한자에서 나온 별명인데, 구龜는 거북을 뜻하는 한자이고, 룡龍은 글자 그대로 용을 뜻하는 한자이지요. 이 별명은 나무줄기 껍질의 생김새 때문에 붙은 거예요. 나무껍질이 거북이 등처럼 멋지게 갈라진 데다, 나무의 모양이 마치 하늘로 오르기 전에 잔뜩 움츠린 용 같아서 붙인 별명이라고 합니다.

소나무는 어떤 나무일까?

1부

소나무는 언제 어디에서 왔을까?

소나무는 언제 어디에서 왔을까요? 궁금하지 않으세요? 여러분에게도 고향이 있는 것처럼 살아 있는 모든 생물에게도 고향이 있지 않을까요? 나무들처럼 워낙 오래된 생물체들의 고향을 찾아내는 일은 쉽지 않아요. 나무들이 자기가 태어난 곳을 기억해 두거나, 나뭇결에 기록해 두는 것도 아니니까요?

우리나라에는 소나무의 탄생과 관련한 재미있는 옛날이야기가 있어요. 혹시 여러분은 '낙양성 십리허에~'로 시작하는 민요를 알고 있나요? 〈성주풀이〉라는 민요예요. 여기서 성주는 집터를 지켜주는 성주신을 뜻하는 겁니다. 〈성주풀이〉 뒷부분에는 소나무가 언제 우리 땅에 퍼지기 시작했는지를 알려주는 이야기가 나옵니다. 물론 전설 속의 이야기입니다. '경상도 안동 땅, 제비원의 솔씨 받아, 동문산에 던졌더니, 그 솔이 점점 자라나서 황장목이 되었구나' 하는 가사이지요.

경상북도 안동에는 실제로 '제비원'이라는 곳이 있어요. 성주신이 바로 그 제비원에서 소나무의 씨앗을 받아 동문산이라는 산에 뿌렸다는 겁니다. 그 씨앗이 자라나 큰 소나무인 '황장목'이 되었다는 전설입니다. 이 이야기대로라면, 하늘의 성주신이 경상북도 안동에 내려와 처음으로 지구에 소나무를 퍼뜨린 게 됩니다. 전설이니 사실과는 다르겠지만, 그만큼 우리 민족이 소나무를 사랑하는 걸 보여 주는 증거이겠지요.

소나무는 지구의 북반구에 넓게 퍼져 있습니다. 북아프리카에서 시베리아에 이르기까지의 넓은 지역에서 자랍니다. 자라는 지역으로 치면 신갈나무, 굴참나무와 같은 '참나무과'의 나무 다음으로 가장 넓은 지역에서 자라는 나무입니다.

소나무는 우리나라에서도 다른 어떤 나무에 비해 넓은 곳에서 찾아볼 수 있는 나무예요. 한반도의 몹시 추운 지역을 빼면 대부분의 지역에서 볼 수 있습니다. 한반도에서 가장 추운 곳인 백두산과 그 주변의 고원 지대에는 소나무가 없다고 합니다. 그 밖에는 어느 지역에서나 소나무는 쑥쑥 잘 자라지요.

소나무는 중국이나 일본에서도 잘 자라는 나무예요. 중국에는 황산이라는 유명한 산이 있는데, 멋지게 자란 소나무들이 많은 곳입니다. 황산은 바위로 이루어진 신비로운 산으로, 이 산의 바위틈에 뿌리를 내리고 자라는 소나무들이 빚어내는 풍광은 참 장관입니다. 일본에서도 소나무는 잘 자랍니다. 그런데 일본에서는 이제 거의 찾아보기 어렵다고 해요. 앞에서 잠깐 이야기했던 '소나무재선충병' 때문이지요. 이 병에 걸린 나무들이 줄줄이 죽는 바람에 정원에서 따로 가꾸는 소나무 외에 자연스럽게 이루어진 숲에서는 소나무가 거의 사라졌다고 합니다.

소나무는 우리 숲에 어떻게 자리 잡았을까요? 소나무가 처음 자리 잡는 과정을 알아보려면 이른바 '숲의 천이遷移 과정'을 살펴봐야 합니다. 말이 조금 어려운가요? 숲의 천이란 숲이 변해가는 모습을 어려운 한자말로 표현한 것이랍니다.

숲의 천이 과정에서 소나무는 어떤 역할을 맡았을까요? 처음 숲이 어떻게 시작되었는지 살펴보는 게 쉬운 일은 아니에요. 워낙 오래전에 시작되었을 테니까요. 그래도 숲의 시작을 짐작해볼 수 있는 상황이 있어요. 한 예는 큰 산불이 나서 숲 전체가 완전히 망가진 경우입니다. 텅 빈 그곳에 어떤 나무들이 들어와 살기 시작했고, 이어서 어떤 나무들이 들어와 서로 어울리거나 싸우면서 살아가는지를 살펴보면 됩니다.

황폐한 산에 가장 먼저 들어오는 생명체는 이끼나 바위에 붙어사는 식물들입니다. 바위에 붙어서 자라는 식물들을 지의류地衣類 식물이라고 합니다. 또 처음 보는 말이 나와서 어렵다고 투덜대지 마세요. 쉽게 설명하려고 한자도 함께 써두었잖아요. 한자 공부를 한 친구들은 벌써 그 뜻을 알아챘을 겁니다.

지의류의 지地는 땅을 뜻하고, 의衣는 옷을 뜻해요. 그러면 지의류는 곧 땅의 옷이라는 말이지요. 식물 중에 땅에 바짝 붙어서 자라는 식물들을 가리킨 답니다.

지의류는 척박한 땅에서도 잘 사는 식물이어서, 아무리 망가진 땅에서라도 살 수 있을 만큼 생명력이 왕성하지요. 시간이 흐르면서 이끼와 지의류 식물이 무성해지면 다른 식물들도 살 수 있을 만큼 땅이 좋아집니다.

이끼와 같은 지의류 식물들이 땅의 힘을 좋게 일구면, 그 땅에 작은 풀들이 들어오고, 지의류와 함께 작은 풀들은 더 빠른 속도로 땅을 푸르고 기름지게 만들어갑니다. 그즈음이 되면 이제 나무들이 들어올 차례입니다.

나무 중에서 가장 먼저 들어오는 나무가 바로 소나무입니다. 소나무도 작은 풀들처럼 땅의 조건이 나빠도 살 수 있을 만큼 생명력이 강한 식물이거든요. 황폐한 숲에 가장 먼저 발을 들여놓는 나무로는 소나무를 비롯한 바늘잎나무들입니다. 그 밖에도 우리 산과 들에 봄이면 붉은 꽃을 피우는 진달래와 같은 키 작은 나무들도 있지요.

그렇게 다시 수십 년이 흐르면서 소나무가 울창해지면, 소나무 그늘에는 차츰 다른 나무들도 들어옵니다. 어떻게 들어오느냐고요? 그것도 궁금한 일 가운데 하나입니다. 방법은 여러 가지가 있겠지요. 나무의 씨앗이 바람에 실려 멀리 날아오기도 하고, 때로는 나무열매를 먹은 새

들이 지나가다가 똥으로 배설해내기도 하지요.

  소나무가 먼저 자리 잡은 숲은 이미 어느 정도 그늘이 드리워지게 됩니다. 그러면 처음에는 그늘에서도 잘 자라는 물푸레나무, 단풍나무, 신갈나무 같은 넓은잎나무들이 들어오지요. 물론 다른 나무들도 들어오기도 했겠지만 소나무 그늘에서 햇볕을 잘 받을 수 없어 버티지 못한 겁니다. 결국, 그늘에서 잘 살아남는 나무들이 소나무 그늘에서 안간힘을 쓰며 자라게 됩니다.

  어려운 시간을 잘 견뎌낸 나무들은 무럭무럭 자라나서 소나무의 키보다 훨씬 더 커지겠지요. 그러면 이제 소나무에게 위기가 닥쳐옵니다. 소나무보다 큰 키로 훌쩍 자란 신갈나무나 물푸레나무 같은 넓은잎나무들은 소나무가 받아야 할 햇빛을 가리게 됩니다. 처음에 넓은잎나무들이 소나무 그늘에서 고생하던 상황과 정반대가 된 겁니다.

그때가 되면 햇빛을 좋아하는 소나무는 살아남기 힘들어집니다. 소나무는 신갈나무, 단풍나무, 물푸레나무 등에게 자리를 내주고 숲에서 차츰 그 수가 줄어들게 됩니다.

그러면 자연히 오래된 숲에는 소나무가 적어야 맞겠네요. 그런데 우리나라는 어떤가요? 이상하게도 우리나라의 산에는 소나무 숲이 많지요? 거기에는 까닭이 있어요. 그건 우리나라에서만 볼 수 있는 특이한 모습이에요. 그 까닭은 여기서 퀴즈로 남겨놓고, 뒤에서 이야기하기로 하지요.

이 같은 과정을 수없이 반복하는 게 우리 주변 숲의 천이 과정입니다. 그러나 이 과정이 수백 년 혹은 수천 년에 걸쳐 아주 천천히 이루어지기 때문에 백 년도 채 살지 못하는 사람은 천이의 모든 과정을 볼 수 없습니다.

숲의 천이 과정에서 소나무는 작은 풀들과 함께 척박한 땅에 가장 먼저 자리를 잡고 땅을 기름지게 만드는 역할을 합니다. 만일 소나무가 먼저 숲에 들어가지 않는다면, 어떤 나무도 그 척박한 땅에서 살 수 없을 겁니다. 좋은 숲을 만드는 데에 소나무는 매우 중요하면서도 꼭 필요한 역할을 한다고 보아야 하겠지요.

마을의 평화를 지키는 수호나무

나무가 좋다! 괴산 연풍면 적석리 소나무

충청북도 괴산군 연풍면 적석리라는 곳의 마을 뒷산 입석 고갯마루에는 '정이품송'과 많이 닮은 소나무가 한 그루 있습니다. 정이품송보다 훨씬 뒤의 일이지만, 이 소나무도 정이품송처럼 천연기념물 제383호에 지정되어 국가에서 보호하는 멋진 나무입니다.

고개 이름이 입석인데, 마을 이름도 고개 이름을 따서 입석마을이라고 한 이곳은 아주 작은 마을이에요. 괴산군청에서 연풍면으로 이어지는 국도를 따라가다가 마을로 낸 작은 길로 들어선 다음, 한참을 더 들어가야 하지요. 오지라고까지 할 수는 없지만 꽤 한적한 곳입니다.

얼마 전까지 그렇게 조용한 곳이었는데, 최근 들어 이 마을을 관통하는 큰 도로가 뚫리는 바람에 마을 풍경이 많이 달라졌어요. 아무리 사람들의 편의를 위해 달라져야 하더라도 긴 세월에 거쳐 잘 살아온 나무들만큼은 다치지 않았으면 좋겠어요.

마을 입구에 시내가 한가로이 졸졸 흐르고, 그 시내를 건너면 옹기종기 작은 집들이 모여 있는 마을이 나옵니다. 마을 뒤로는 작은 고갯길이 나 있는데, 길 양옆으로는 과수원이 넓게 펼쳐졌지요. 과수원에서 일할 때 필요한 경운기는 겨우겨우 오를 수 있지만, 자동차들이 오르기에는 어려운 곳이지요. 터덜터덜 걸어 올라가다 보면 눈길에 스쳐지나는 한가로운 시골 풍광이 참 좋은 곳입니다. 봄에 가면 과수원 옆으로 난 밭에서 쟁기를 둘러멘 황소가 밭을 가는 걸 볼 수 있습니다. 옛 시골 풍경이 고스란히 남아 있는 곳이니까요. 하지만 이 과수원과 밭길 사이로 큰 길이 나는 바람에 예전의 멋진 풍경이 많이 바뀌어 아쉽답니다.

한참 산길을 오르면서 고갯마루를 바라보면 소나무 10여 그루가 모인 작은 솔숲이 보입니다. 시골이나 산 어디에서나 볼 수 있는 흔한 풍경입니다. 지금 우리가 만날 소나무는 그 솔숲 가운데에 있는 나무여서 산을 오르면서는 잘 보이지 않습니다. 솔숲 안으로 들어서서 고갯마루 쪽을 바라다보면 그제야 이 멋진 소나무 한 그루가 고갯길 꼭대기에 우뚝 서 있는 걸 볼 수 있지요.

'입석고개' 라 부르는 이 고갯길은 옛날에 경상도 사람들이 서울로 가려면 반드시 넘어야 하는 길이었습니다. 경상도 선비들이 과거시험을 보러 한양 땅에 갈 때 꼭 넘어야 했던 고개였던 거죠. 선비들이 한밤중에 이 고개를 지나면, 꼬리 아홉 달린 여우가 나와서 붙잡는다는 이야기가 전해오는 바로 그런 고개라고도 할 수 있어요.

마을 쪽에서 고개를 오르면 고개 너머로 환한 풍경이 펼쳐지는데, 경상도 지역으로 이어지는 방향입니다. 이 고개를 넘어 서울로 가던 나그네들은 아마도 소나무가 서 있는 마루턱에 올라서서 한 번쯤 다리쉼을 했을 겁니다. 옛 나그네가 아니라 해도 그 자리에 가면 나무 그늘에서 잠시 쉬고 싶은 마음이 저절로 든답니다. 고갯길 비탈이 그리 급하지 않아 걸어 올라도 그리 힘든 건 아니지만, 좋은 나무 그늘이 나타나면 쉬고 싶은 게 나그네 마음 아니던가요?

게다가 고개 정상에 잘생긴 큰 나무가 떡 버티고 있으니, 한 번쯤 쉬어가기에 더 없이 안성맞춤이지요. 나그네의 발걸음을 자동으로 멈추게 하는 큰 나무가 지금 우리가 만나는 괴산 적석리 소나무예요.

적석리 소나무의 키는 17미터나 되는데, 마을 사람들은 이 나무가 400여 년 전 이곳에 마을이 생기던 때부터 그 자리에 있었다고 합니다. 마을 사람들이 살면서부터는 마을의 평화를 지켜주는 수호나무로 여겼습니다. 지금도 성황당나무라고 불러요. 참 오랜 세월 동안 나무에 기대온 마을의 전통이 살아 있는 걸 알 수 있지요.

한국전쟁이 났던 1950년까지만 해도 나무 곁에는 제사를 지내는 당집이 있었다고 합니다. 당집이 뭔지 아세요? 당집은 대개 이 나무처럼 큰 나무 곁에 세운, 신神을 모시는 집을 가리키는 말이에요. 지금은 많이 사라졌지만 아직도 시골 마을에 가면 어렵지 않게 볼 수 있어요. 적석리 소나무 곁에도 당집이 있었지만, 지금은 흔적을 찾을 수 없어요.

당집은 사라졌지만 고갯마루에 우뚝 선 소나무의 장엄한 모습을 보면, 이 나무가 마을을 지켜주는 수호신으로 받들어 모셔졌다는 걸 저절로 알 수 있어요. 저만큼 위풍당당한 소나무라면, 하늘을 향해 비는 사람들의 소원을 충분히 들어줄 수 있겠다는 생각이 들고도 남지요.

나무는 곧은줄기가 똑바로 솟아올라서, 우리가 흔히 보는 소나무들과는 사뭇 다릅니다. 하기야 경상도 북부 지방에서 잘 자라는 금강송도 줄기가 곧게 섭니다만, 이 소나무는 금강송이 아닌데도 곧은줄기를 가졌다는 게 멋진 겁니다.

곧은 중심 줄기가 쭉 뻗어 오르면서 중간 중간에 가지를 뻗어냈는데, 그 가지들이 사방으로 고르게 잘 펼쳐졌어요. 그야말로 기품을 갖춘 모습입니다. 나무를 이쪽저쪽에서 바라다보면 어디에선가 많이 본 듯한 느낌을 받게 됩니다. 특히 서쪽에서 동쪽을 향해 서서 바라볼 때 그렇지요. 그 유명한 '정이품송'을 닮은 겁니다. 정이품송에 대해서는 이 책의 102쪽부터 107쪽에 자세히 이야기했습니다. 곧은줄기를 중심으로 뻗은 가지들이 넉넉히 그늘을 드리우고 펼친 품이 비슷합니다. 나무의 맨 윗부분이 조금 비스듬하다는 점만 빼면 정이품송의 사촌쯤 될 것 같은 멋진 소나무입니다.

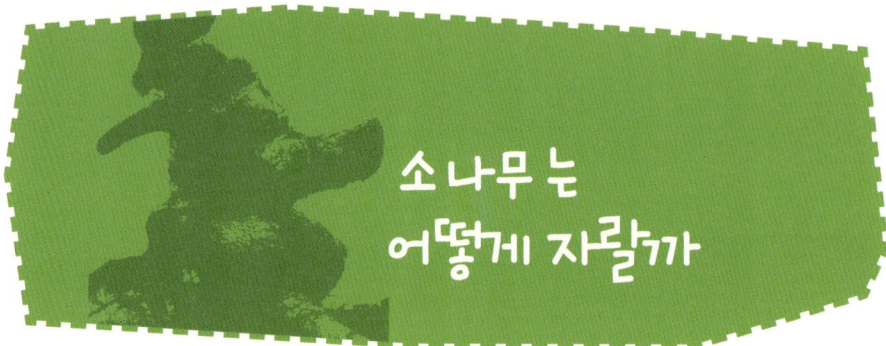

소나무는 어떻게 자랄까

나무가 잘 자라려면 무엇이 필요할까요? 물론 집에서 기르는 나무라면 따로 물도 주고 거름도 주면서 정성을 들이겠지요. 그러나 산과 들에서 자라는 나무들은 어떤가요? 특별히 누가 돌봐주지 않아도 잘 자라지요. 놀라운 건 그런 나무들이 오히려 집에서 정성 들여 키우는 나무보다 훨씬 잘 자라고 아주 오래오래 살기까지 하지요. 나무들은 도대체 뭘 먹고 사는 걸까요?

나무가 잘 살려면 해와 달, 비와 바람 그리고 흙만 있으면 돼요. 땅에 뿌리를 내리고 자라면서 나무는 해가 뜨면 따뜻한 햇볕에 가만히 몸을 말리고, 또 비가 오면 나뭇잎과 줄기와 뿌리에 꼭 필요한 만큼씩의 물을 담아두었다가 필요할 때 끄집어내 쓰지요. 또 바람이 불면 바람 부는 대로 몸을 맡기면서 조금씩 자기 몸을 키운답니다.

그런데 나무마다 좋아하는 땅이 조금씩 달라요. 어떤 나무는 물이 많은 곳에서 잘 자라고, 또 어떤 나무는 물이 많으면 자라지 못하지요. 또 어떤 나무는 해가 많이 들지 않는 그늘에서 자라는가 하면, 햇볕이 환하게 쬐는 곳에서 더 잘 자라는 나무도 있습니다. 하기야 동물 가운데에도, 물이 많은 연못가에 보금자리를 틀고 사는 동물이 있는가 하면, 물기가 전혀 없는 사막에서 사는 동물도 있지요.

우리의 주인공인 소나무는 어떨까요? 앞에서 보았던 '숲의 천이 과정'을 다시 떠올려보아요. 소나무는 산불이나 산사태 등으로 숲이 완전히 망가진 산에 처음으로 들어가 자리 잡는 나무라고 했지요. 물론 소나무보다 먼저 이끼와 같은 지의류가 먼저 뿌리를 내리지만, 나무 가운데에는 가장 먼저 들어가는 게 바로 소나무라고 했잖아요.

한번 상상해 보세요. 다른 나무가 없는 황폐한 산에서 소나무가 자라는 것을요. 어린 소나무가 자라는 자리에는 햇빛을 가릴 다른 나무들이 하나도 없겠지요. 맞습니다. 소나무는 어릴 때 햇빛을 많이 받아야 잘 자라기 때문에 그런 황폐한 산에서도 소나무를 볼 수 있는 겁니다.

소나무는 과연 얼마나 오래 자랄까요? 500살이 넘었는데도 여전히 싱싱한 나무가 있는가 하면, 어떤 소나무는 100살도 채 안 됐는데, 병들고 늙은 것처럼 시들시들하지요. 또 우리나라의 어떤 소나무에는 앞으로 1만 년은 충분히 더 살 수 있다는 마을 사람들의 믿음이 담겨 있기도 합니다.

소나무를 비롯한 나무들이 얼마나 오래 사는지는 사실상 정답을 말하기 퍽 어려운 질문이지요. 오래된 나무의 나이를 재기도 쉽지 않을 뿐 아니라, 앞으로 그 나무가 죽을 때까지 살아서 지켜볼 수 있는 사람도 없으니까요.

그러면 우선 지금까지 살아 있는 우리나라의 소나무 가운데 가장 오래된 나무는 나이가 얼마일까부터 알아보기로 하지요.

우리나라의 나무를 관리하는 산림청의 기록을 보면, 우리나라에서 가장 나이가 많은 소나무는 경상북도 군위군 효령면에 있는 소나무로, 무려 730살 가까이 됩니다. 그 밖에도 700살이 넘은 소나무가 두 그루 더 있고, 600살 넘은 소나무는 열두 그루가 있습니다. 또 500살 넘은 나무는 스물일곱 그루나 됩니다.

천연기념물로 지정된 소나무들은 이보다 나이가 조금 적은 편으로, 대개 300살에서 500살 된 나무들입니다. 천연기념물로 지정되려면 가장 나이가 많아야 하지 않느냐고 질문할지도 모르겠네요. 그러니 한 마디 짚고 넘어갑시다. 나이가 많다고 해서 반드시 천연기념물로 지정되는 건 아니에요. 나무가 천연기념물로 지정되려면, 물론 나이도 많아야 하겠지만, 그 나무 종류로서 가장 잘생긴 모습을 갖춰야 합니다. 달리 이야기하면, 앞으로도 오랫동안 나라에서 국민의 이름으로 보전할 필요가 있는 나무들을 천연기념물로 지정하는 거예요. 아무리 오래 살았다 해도, 비바람에 꺾이고 부러져서 볼품없는 나무를 천연기념물로 지정하지는 않아요. 그래서 천연기념물로 지정된 소나무보다 나이는 많지만 천연기념물로 지정되지 않은 나무들이 많이 있는 거죠.

대표적인 천연기념물 소나무인 '정이품송'의 나이가 600살 정도이니, 아마 우리나라의 소나무 가운데 늙은 소나무에 속할 겁니다. 정이품송은 늙어서 더 오래 살기 힘들겠지만, 또다른 천연기념물인 괴산군 적석리의 소나무는 500살이 넘었어도 여전히 싱싱하고 건강해요. 그 나무가 과연 앞으로 얼마나 더 살 수 있을지는 지금으로서 아무도 예측하지 못해요. 잘 가꾸고 지킨다면, 앞으로도 500년, 1000년을 충분히 더 살 수 있겠지요. 하지만, 갑작스레 병에 걸리거나 벼락을 맞는 불행한 일이 생긴다면, 어느 날 갑자기 죽을 수도 있는 겁니다.

나무는 사람의 나이에 비하면 가히 따를 수 없이 오래 사는 생명체라 할 수 있습니다. 특히 소나무는 다른 나무들에 비해 오래 사는 나무입니다. 그런 까닭에 소나무를 '장수長壽'의 상징으로 여기는 겁니다.

우리나라의 소나무가 그렇다면, 세계에서는 어떨까요? 혹시 세계에서 가장 오래된 나무는 어떤 나무이고, 몇 살이나 살았는지 아시나요? 그게 글쎄 바로바로 소나무라서 한마디 하려는 겁니다. 소나무 가운데 조금 특별한 종류로 브리슬콘 소나무라 부르는 나무지요. 이 나무가 사는 곳은 해발 4000미터가 넘는 높은 사막지대예요. 브리슬콘 소나무는 이곳에서 4000년을 넘게 살아왔다고 합니다. 바로 세상에서 가장 오래 살아온 나무입니다. 덧붙이자면, 나무뿐 아니라 세상의 모든 생물을 통틀어서도 가장 오래 살아온 생물입니다.

　이처럼 오래 사는 소나무이지만 다른 나무에 비해 자라는 속도는 그리 빠르지 않습니다. 물론 소나무보다 더 느리게 자라는 나무도 있지만, 느티나무나 은행나무, 전나무 등에 비하면 아주 천천히 자라는 나무라 봐야 하겠지요.
　소나무의 씨앗이 땅에 뿌리를 내리고 싹을 틔운 때부터 처음 3~4년 동안은 한 해에 불과 10센티미터 정도씩 자랍니다. 한 달 내내 물을 주고 정성을 들여 봐야 1센티미터도 못 자라는 거죠. 어린 시절을 지내고 어느 정도 뿌리가 굳게 자리 잡으면 조금씩 자라는 속도가 빨라집니다. 그래 봐야 별거 아니죠. 기껏해야 한 해에 30센티미터쯤 자란다고 합니다. 그것도 소나무가 자라기 좋은 기후와 기름진 땅에서 자라는 경우에만 그렇습니다. 만일 땅도 나쁘고, 기후도 좋지 않다면 그보다 훨씬 덜 자라는 건 당연하겠지요.

　그러면 우리나라에서 가장 키가 큰 소나무는 얼마나 클까요? 문화재청에서 천연기념물로 지정한 소나무 가운데에는 앞에서 이야기했던 괴산 적석리 소나무가 현재 21.2미터로 가장 키가 큰 나무입니다. 그 외에 천연기념물로 지정한 소나무들은 대부분 15미터에서 20미터 정도의 크기입니다. 천연기념물로 지정하지 않은 나무 가운데 큰 나무는 산림청에서 지정한 보호수에서 찾아볼 수 있는데, 그 중에는 21미터보다 훨씬 더 큰 나무가 있습니다. 경북 봉화군 물야면 우구치리에 살아 있는 소나무는 키가 28미터나 됩니다. 그 밖에도 보호수 가운데에는 20미터를 넘는 소나무가 여러 그루 있습니다.

이 같은 조사는 모두 현재까지의 상황인데, 그동안 우리에게는 나무에 관한 기록이 그리 많지 않아 정확하다고 할 수는 없어요. 그러니까 알려지지 않은 나무 가운데에도 더 크게 잘 자란 나무가 있을 수 있다는 이야기입니다. 중요한 것은 앞으로 우리들이 소나무를 더 소중히 잘 지키면서 얼마나 오래 살고, 얼마나 크게 자라는지 살펴보고 잘 기록해 두어야 한다는 것입니다.

용트림하며 하늘로 솟아오른 소나무

나무가 좋다! 이천 백사면 도립리 반룡송

소나무는
우리나라의 거의 모든
지역에서 잘 자랍니다.

　곳곳에서 자라는 소나무의 생김새도 참 다양합니다. 대부분의 소나무는 줄기가 비틀비틀 굽으며 자라지요. 그 굽은 줄기의 모습이 소나무의 멋을 더하는 것 아닌가 싶어요. 특히 옛사람들의 그림에 등장하는 소나무들은 대부분 배배 꼬이면서 용트림하듯 솟아오른 모습이어서 신비로운 기운까지 보여줄 정도지요.
　우리나라를 침략하고 갖은 방법으로 우리 민족 고유의 문화를 짓밟고 낮추려 했던 일본 사람들은 곧게 자라지 않고 비비 꼬이고 휘어 자라는 우리나라의 소나무를 쓸모없는 나무라고까지 했어요. 그뿐만 아니라, 이처럼 쓸모없는 나무가 많은 나라는 곧바로 망할 것이라는 말도 안 되는 소리를 늘어놓기까지 했답니다. 이것은 아무런 근거도 없는 허무맹랑한 이야기에 불과하니, 전혀 신경 쓸 일 아니랍니다.
　우리나라의 소나무들은 대부분 구불구불 굽어서 자라지만, 곧게 잘 자라는 소나무도 있어요. 금강산 줄기가 이어지는 강원도와 경상북도 지역에서 자라는 소나무가 그렇습니다. 그곳의 소나무들은 전혀 휘어지지 않고 하늘을 향해 곧게 자라지요. 그런 소나무를 금강소나무, 혹은 한자로 금강송 金剛松 이라고 부르지요. 또 일부 지역에서는 춘양목이라고도 부른답니다.
　얼마 전에 국보인 숭례문이 불에 타서 다시 지으려 할 때에 사람들은 이 금강소나무 이야기를 많이 했습니다. 숭례문을 옛 모습 그대로 되고치려면 소나무로 지어야 하는데, 그렇게 큰 건축물을 지을 수 있는 소나무는 금강송밖에 없기 때문이었지요.

곧게 자라는 금강소나무도 멋지지만, 사실 적당히 휘어들며 자라는 소나무도 멋으로 치자면 결코 떨어지지 않습니다. 물론 건축 재료로는 곧게 자란 금강소나무만큼 좋지 않겠지만요. 우리 소나무 줄기의 휘어짐은 절대로 지나치지 않고, 꼭 우리 살림살이에서 겪어야 하는 어려움과 즐거움을 그대로 드러내는 듯하여, 오히려 더 친근하게 느껴지는 겁니다.

우리 소나무가 마음껏 휘어들며 자라는 데에는 우리나라가 위치한 한반도의 지형적 이유도 있습니다. 우리나라의 지형이 전체적으로 화강암으로 이루어져 있기 때문에 나무들이 땅속 깊이 뿌리를 내리기 어렵거든요. 그러다 보니, 소나무가 간신히 뿌리를 내렸지만, 자라는 동안에도 곧게 자랄 수 없었다는 게 전문가들의 말씀입니다.

비비 틀리고 꼬이면서 자라난 나무를 이야기하려면 떠오르는 아주 신비로운 소나무가 한 그루 있어요. 이제 그 신비로운 소나무를 찾으러 함께 떠나봅시다. 이번에는 경기도 이천시로 가야 합니다.

이천시의 백사면 도립리에 있는 작은 소나무인데, 이 나무에는 특별히 '반룡송'이라는 이름이 붙어 있습니다. 워낙 생김새가 기기묘묘하여 천연기념물 제381호로 지정해 보호하는 소나무입니다.

앞에서 천연기념물은 그 종류의 나무 가운데 가장 전형적인 모습으로 보존할 필요가 있는 나무를 골라서 지정한다고 했지요. 그러나 반대로 아주 특별하게 생겨도 보존할 필요가 있지 않을까요? 바로 이 반룡송이 아주 특별하게 생긴 나무들을 천연기념물로 지정한 경우에 속한답니다.

🌲 이 나무의 이름에 붙은 한자말 '반룡蟠龍'은 쓰기도 쉽지 않은 어려운 한자입니다. 반蟠이라는 한자는 '몸을 감고 엎드려 있다'는 뜻이고, 용龍 자는 말 그대로 용을 가리킵니다. 풀어쓰면 '하늘로 오르기 전 땅에 몸을 칭칭 감고 엎드려 있는 용'이라는 뜻이 될 겁니다. 이 나무를 직접 보면 이름 참 기가 막히게 잘 붙였다 싶을 겁니다.

독특한 생김새로 치면, 세상에 이 나무만큼 독특한 소나무도 없을 겁니다. 이 나무는 우선 그리 큰 나무가 아니에요. 키가 4미터를 겨우 넘는 정도이니까요. 이 나무의 진짜 신비로운 멋을 느끼려면 넓게 드리워진 나뭇가지 아래쪽의 줄기를 잘 관찰해야 합니다. 나무 앞에서 몸을 한껏 낮추고 나무줄기 안쪽을 들여다보아야 해요.

🌲 1.5미터쯤 되는 높이에서부터 나무줄기가 펼쳐내는 기묘함은 놀랍기만 하지요. 가운데 줄기에서 굵은 가지가 뻗어 나왔는데, 그게 예사롭지 않습니다. 그냥 평범하게 뻗어 나온 가지가 하나도 없습니다. 어떤 가지는 가운데 중심이 되는 줄기를 한 바퀴가 넘게 빙글 돌며 방향을 틀었고, 어떤 가지는 스스로 몇 바퀴를 뱅글뱅글 돈 뒤 수평으로 뻗었고, 또 어떤 가지는 다른 가지를 품어 안고 배배 꼬였는데, 그 꼬임이나 비틀림이 정말 기기묘묘합니다. 어느 하나 비슷한 게 없고, 제가끔 다른 모습으로 비틀렸다는 게 참 신비롭습니다.

굳이 전설 속의 동물인 용을 들먹이지 않아도 됩니다. 거대한 구렁이 한 마리가 하늘 높은 곳으로 한달음에 차고 오르기 위해 바짝 몸을 사린 듯한 모습입니다. 우리도 멀리 뛰거나 높이 뛰려 할 때, 몸을 바짝 움츠렸다가 한꺼번에 펼치잖아요. 바로 그 바짝 움츠린 모습이라는 겁니다. 줄기를 타고 하늘로 힘차게 솟아오르기 직전의 움츠림이죠. 반룡송의 나뭇가지들은 하나같이 동물의 힘찬 근육 짓처럼 보입니다. 대단한 모습이지요. 이 기묘한 소나무를 보고 용을 떠올린 건 지극히 당연하지 않나 싶을 정도입니다.

마을 사람들은 생김새가 하도 신비로워서 이 나무를 매우 신성하게 여긴답니다. 나무의 가지를 꺾는 건 물론이고, 함부로 손을 대는 것조차 하지 못하게 했어요. 그렇게 나무에 해코지하면 그 사람과 가족에게 몹시 나쁜 일이 생긴다는 이야기가 지금까지 마을에 전합니다. 실제로 오래전에 이 나무의 껍질을 벗겼던 어떤 사람은 큰 병에 걸려서 곧바로 죽었다는 이야기까지 있어요.

이 나무는 신라시대 말, 우리나라 풍수지리의 선구자인 도선스님이 심었다고 합니다. 도선스님이 돌아가신 게 서기 898년이니 이야기대로라면, 이 나무의 나이는 1000살이 훨씬 넘은 거죠. 도선 스님은 우리나라의 좋은 땅을 찾아다닌 스님으로 유명한 분입니다. 스님은 이곳을 지나다가 땅의 기운이 좋아 장차 이곳에서 큰 인물이 태어나리라고 예언을 했답니다. 그리고는 그 자리를 표시하기 위해 나무 한 그루를 심었는데, 그 나무가 바로 반룡송입니다. 도선스님의 예언대로 이 마을에서는 과거 급제로 성공한 인물이 여럿 나왔다고 합니다.

이 기묘한 소나무에는 반룡송이라는 이름 외에 '만년송 萬年松'이라는 별명도 있어요. 이미 천 년을 살았지만, 앞으로도 만 년이 넘도록 이 마을을 지키며 살아갈 신비의 나무라는 뜻에서 붙인 별명이지요.

　반룡송이 있는 이천시 백사면은 봄에 산수유 꽃이 피어날 때에 산수유 축제를 할 정도로 산수유나무가 아름다운 곳이기도 하지요. 그러니 산수유 꽃 피어날 즈음에는 여러분도 부모님과 함께 산수유 꽃도 볼 겸, 이 기묘한 반룡송을 만나러 한번 떠나 보시기 바랍니다.

소나무도 꽃을 피울까?

세상의 모든 생물은 자손을 번식시키려는 본능이 있지요. 사람을 제외한 모든 생물이 살아가는 이유는 오로지 번식 본능 때문일 겁니다. 더 넓은 땅에 더 많은 자손을 얻으려는 건 동물이나 식물이나 모두 마찬가지입니다.

식물이 꽃을 피우는 이유는 바로 자손을 번식시키기 위해서예요. 꽃을 피워야 열매를 맺을 수 있지요. 그 열매에 자손을 번식시키는 씨앗을 담아서, 여러 가지 방법으로 멀리멀리 퍼뜨리는 게 식물들이 살아가는 방법이겠지요.

식물도 번식을 위해 꽃을 피워야 하는데, 재미있는 건 암수의 구별이 있다는 겁니다. 나무 중에는 암꽃이 피는 나무와 수꽃이 피는 나무가 따로 있는 나무가 있어요. 우리가 흔히 보는 은행나무가 그런 나무예요. 은행나무는 암나무와 수나무가 따로 있고, 암나무에서만 열매를 맺습니다. 수나무도 꽃을 피우지만 열매는 맺지 않지요. 또 어떤 식물은 암꽃과 수꽃이 서로 다르게 생겼지만, 한 그루에서 같이 피어나는 일도 있습니다. 그런 나무를 암수한그루라고 합니다. 암나무 수나무가 따로 있는 나무는 암수딴그루라고 부르지요.

여기서 잠깐만요. 소나무도 꽃을 피울까요? 소나무도 틀림없이 번식을 목적으로 살아가는 식물이니, 꽃을 피워야 할 겁니다. 조금 어려운 이야기 하나만 할게요. 소나무에서 봄에 피어나는 걸 꽃이라고 불러야 하느냐에 대해서는 다른 의견을 가진 전문가들이 있습니다. 비교적 까다로운 이야기인데, 꽃은 밑씨가 씨방 안에 들어 있는 식물, 즉 속씨식물에만 나타나는 현상으로 보아야 한다는 겁니다.

그러니까 밑씨가 겉으로 드러난 겉씨식물, 즉 소나무, 향나무, 은행나무의 생식기관을 꽃이라 부르면 안 된다는 겁니다. 그러나 아직은 소나무의 꽃가루가 묻어 있는 그 부분을 다르게 부르는 이름이 없으니, 넓은 의미에서는 겉씨식물의 생식기관도 꽃이라고 이야기하는 수밖에 없습니다.

🌳 소나무도 분명히 자손을 번식시키겠다는 본능에 충실한 식물입니다. 그래서 소나무도 번식을 위해 꽃을 피웁니다. 소나무의 암꽃과 수꽃은 서로 다르게 생겼지만, 하나의 나무에서 같이 피어납니다. 그러니까 암수한그루의 나무라는 이야기지요.

소나무의 꽃은 따뜻한 봄에 피어나요. 대개는 4월에서 5월 사이에 피어나지요. 이때 소나무를 가만히 살펴보면 가지의 맨 끝에 밝은 보라색으로 5밀리미터 크기로 피어난 꽃을 볼 수 있어요. 대개는 하나씩 피어나지만 때로는 두 개가 같이 돋아나는 예도 있어요. 그게 바로 소나무의 암꽃입니다. 암꽃은 둥글게 피기도 하고, 타원형으로 피어나기도 합니다.

🌳 수꽃은 암꽃 아래쪽에 피어나요. 조금 길쭉한 모양인데, 색깔은 암꽃과 달리 노란색을 띱니다. 여러분은 봄에 '송홧가루가 날린다'는 말을 들어본 적 있나요? 그 송홧가루가 소나무의 수꽃에서 피어난 노란색 꽃가루입니다. 송화松花는 소나무 송 松 자에 꽃 화 花 자가 붙어서 만들어진 한자어로, 소나무 꽃이라는 뜻이지요.

소나무가 우거진 숲 근처 마을에서는 해마다 봄이 되면 노란 송홧가루가 날리는 걸 흔히 볼 수 있어요. 혹시 햇살 좋은 봄날, 숲 근처를 지나다가 공기 중에 노란 먼지가 날아다니는 걸 보게 되면, 송홧가루이기 십상입니다. 그럴 때, '저게 바로 송홧가루'라고 한마디 한다면, 아마 다들 여러분의 자연에 대한 관심에 많은 칭찬을 할 겁니다.

송홧가루는 수꽃의 꽃가루이니, 보랏빛의 암꽃 머리에 묻어야 열매를 맺을 수 있습니다. 송홧가루가 워낙 풍성하게 바람에 날리기 때문에 대부분의 암꽃은 쉽게 꽃가루를 만나게 되고 그 결과로 열매를 맺게 됩니다. 그 열매가 바로 '솔방울' 입니다.

소나무의 열매인 솔방울은 여러 개의 씨앗이 하나로 뭉쳐 있는 모양이에요. 솔방울의 맨 안쪽에 씨앗이 맺히고, 각각의 씨앗마다 날개를 달고 있어요. 그러니까 겉으로 보이는 조금 딱딱한 조각들이 벌어지면서 날개 달린 씨앗들이 떨어져 나와 바람을 타고 날아갑니다.

꽃을 이야기한 김에 소나무 잎도 함께 알아보아요. 흔히 '솔잎' 이라고 이야기하지요. 소나무 잎은 마치 바늘처럼 생겼다 해서 '바늘잎', 한자로는 '침엽針葉' 이라고 부릅니다. 가을이나 겨울이 돼도 색깔이 변하지 않는 '늘푸른잎' 을 가져서 소나무를 '늘푸른나무' 혹은 '상록수常綠樹' 라고 합니다.

소나무의 잎은 두 개씩 붙어서 나는 특징이 있어요. 소나무 잎과 매우 비슷한 잣나무의 잎이 다섯 개씩 모여나는 것과 다른 점입니다. 물론 소나무의 어떤 종류 가운데에는 세 개씩 모여나는 나무도 있습니다. 그건 뒤에서 다시 확인해 보지요. 우리나라에서 자라는 소나무의 바늘잎은 길이가 3~13센티미터 안에 듭니다. 대개 땅과 기후가 좋아 나무가 건강하면 솔잎은 비교적 길게 자라나는 편이지요.

정다운
부부처럼 자란
소나무

나무가 좋다! 포천 직두리 부부송

우리 주위의 자연은 가까이하기에
겁이 날 정도로 지나치게 큰 것이 없어 좋아요.

책이나 텔레비전을 통해서 많이 보는 세계의 신비로운 자연은 그 크기에서부터 사람을 압도하는 경우가 많지요. 그런 엄청난 자연의 모습에서 큰 감동을 얻는 것도 사실입니다만, 그렇게 무지하게 큰 바위나 나무들을 보면, 우선 그 크기에 기가 눌려 가까이 다가서기도 어렵지 않을까 생각하게 돼요. 그렇지 않은가요?

그런 생각에 동의하지 않는다면 우리 주변의 자연들을 돌아보아요. 우리의 산과 들, 그리고 나무와 큰 바위들을 바라보세요. 책이나 풍경 사진에서 보았던 외국의 위압적인 자연 풍경과는 사뭇 다른 느낌이 들지 않나요? 어떤가요? 무엇보다 우리 자연의 큰 장점은 친근하다는 것 아닐까요? 그런데 거기에만 그치지 않아요. 사람이 자연을 닮은 것인지, 자연이 그 안에 사는 사람을 닮은 것인지, 어찌나 자연의 온갖 모습들이 사람을 닮았는지 놀라워요.

자, 이제는 나무들을 바라볼 차례입니다. 먼저 동화『어린왕자』에 나오는 '바오밥나무'를 떠올려봅시다. 지구를 온통 삼킬 듯이 자란 큰 나무 말입니다. 물론 동화 속의 그림이 과장된 것이기는 하지만, 실제로도 바오밥나무는 그렇게 크게 자랍니다. 그런 나무들이 별것 아니라고 이야기하려는 건 아니에요. 물론 그런 나무들도 멋지고 훌륭한 나무임은 틀림없습니다.

그러면 이제 우리의 나무들을 찾아봅시다. 앞에서 함께 보았던 '묘산면 소나무'나 '연풍면 소나무'는 어때요? 큰 나무임엔 틀림없지만 바오밥나무처럼 위압적이지는 않잖아요. 그런데 가만히 바라보면, 그 나무에 얽힌 전설이라든가 이야기들은 사람들이 살아가는 모습을 그대로 닮은 듯하지 않던가요? 사진을 보는 것만으로는 모자라지요. 실제로 그런 나무들을 찾아가 만나보면, 나무는 매우 친근하게 여겨지기도 하지만, 가만히 그리고 꼼꼼히 관찰하면 우리 곁의 나무들이 얼마나 사람을 닮았는지 알아챌 수 있게 됩니다.

잘 모르겠다고요? 그러면 우리가 살아가는 모습을 빼닮은 소나무를 찾아가 보아요. 우리의 아름다운 소나무 가운데에는 진짜로 정다운 부부처럼 자란 나무가 있어요. 천연기념물 제460호인 경기도 포천시 군내면 직두리 부부송입니다. 이 나무들은 큰 나무여서 사진으로는 다정한 부부의 모습을 온전히 표현하기 어렵네요.

두 그루가 가까이 붙어 있어서 멀리서 보면 그저 큰 나무 한 그루처럼 보입니다. 특히 나무의 키가 7미터가 채 되지 않을 만큼 작은 편이어서 옆으로 벌어진 품이 더 넉넉해 보이는 소나무지요. 가까이 다가가서 보면 두 그루의 소나무가 붙어 있는 걸 알 수 있어요. 두 그루는 줄기의 굵기에서도 차이가 꽤 있습니다. 한 그루는 둘레가 3미터를 넘는 듯한데, 다른 한 그루는 그에 훨씬 못 미칩니다. 그건 나무의 나이에서 나온 차이이지 싶어요. 이 두 그루의 나무가 펼쳐낸 그늘의 지름은 24미터나 된답니다.

둘 중 큰 나무는 300년쯤 된 나무로 보이는데, 다른 한 그루는 그 절반에 가까운 150살 정도 됩니다. 그 두 나무가 마치 다정한 부부가 서로 부둥켜안은 것처럼 얼싸안고 서 있습니다. 그러다 보니 이 나무를 보고 아기를 낳지 못하는 부부나 정이 식은 늙은 부부들이 이 나무에 지성을 드리면 부부 사이가 매우 다정해질 뿐 아니라, 아이까지 낳을 수 있다는 믿음이 전해옵니다. 나무의 이름을 '부부송'이라 한 것도 그런 까닭에서입니다.

사실, 암나무와 수나무가 따로 없는 소나무를 부부송이라는 이름으로 부르는 것은 그리 과학적이지 않습니다. 그래서 이 나무를 천연기념물로 지정할 때에 많은 과학자가 오랫동안 그 이름에 대해 많은 토론을 나누었다고 합니다. 그러나 마을 사람들이 오랫동안 지켜왔던 생각을 존중하고, 또 우리 사람의 모습을 닮았다고 믿어온 민간의 생각을 존중하며, 천연기념물에게 부여하는 고유 이름에도 그냥 '부부송'이라는 이름을 쓰게 된 겁니다.

과학의 시대인 오늘날까지도 이 같은 믿음에 기대어 치성을 드리러 찾아오는 무속인들이 적지 않다고 합니다. 나무의 기운이 영험하다고 생각하는 거죠. 실제로 일제 강점기에는 일본 사람들이 이 나무의 기운을 끊겠다는 생각으로 나뭇가지를 열 개나 잘라냈다고 할 정도니까요.

일본 사람들이 이 같은 못된 짓을 저지른건 수도 없이 많습니다. 부부송도 그런 시련을 이겨내고 오늘날까지 우리네 평범한 가정의 평화를 지켜주는 훌륭한 나무로 살아남은 겁니다.

여러분의 어머니 아버지는 다정힌가요? 혹시라도 두 분이 부부싸움이라도 하지 않으시나요? 그러면 당장에 포천의 직두리에 있는 '부부송' 이야기를 해 보세요. 그 나무를 찾아가서 한참 바라보고 서 있으면 두 분의 사이가 좋아질 거라는 이야기도 덧붙이고요. 덕분에 여러분도 자연을 찾아가는 여행도 떠날 수 있잖아요. '일거양득一擧兩得'이라는 말이 바로 이런 거지요.

소나무에는 어떤 종류가 있을까?

2부

아름답게 자란 소나무, 반송

나무는 언제 어떤 종류를 심었을까요? 옛날 어른들은 딸을 낳으면 집 뒤란에 오동나무를 한 그루 심었어요. 왜 그랬을까요? 오동나무는 가구를 만드는 데에 아주 좋은 재료이거든요. 게다가 빨리 크는 나무여서, 한 이십 년 정도 키우면 베어서 가구를 만드는 데에 쓸 수 있게 되기도 하지요. 딸아이를 잘 키워서 시집보낼 때, 꼭 필요한 장롱을 한 채 지어주려고 오동나무를 심은 거랍니다.

그러면 아들을 낳았을 때에도 나무를 심었을까요? 예. 심었어요. 그럼 무슨 나무를 심었을까요? 바로 우리가 지금 자세히 알아보고 있는 소나무가 바로 아들을 낳았을 때 심은 나무입니다. 하필이면 왜 소나무일까요? 소나무는 선비들의 절개와 기상을 상징해요. 바로 그겁니다. 아들은 잘 커서, 어려운 시기가 닥치더라도 결코 기상을 잃지 않고 살아가는 꿋꿋한 선비가 되라는 바람에서 소나무를 심었습니다. 소나무는 추운 겨울에도 푸른 잎을 떨어뜨리지 않고 의연하게 살아 있으니까 그런 거죠.

또 언제 어디에 나무를 심을까요? 요즘도 집을 짓거나 좋은 일이 있으면 나무를 심잖아요. 학교의 건물을 새로 지은 뒤에는 반드시 교장 선생님과 학생들이 한데 모여서 나무를 심습니다. 그걸 '기념식수 記念 植樹'라고 하지요. 옛날에도 그랬습니다. 집을 짓고는 집 앞에 나무를 심었어요. 그리고 부모님이 돌아가시면 정성껏 묘지에 모신 뒤에 묘 앞에도 나무를 심었지요. 사람들은 살아가면서 중요한 일이 있을 때마다 나무를 심었던 겁니다.

그러면 묘지 앞에는 어떤 나무를 심었을까요? 묘지 앞에서 조상과 함께 오래도록 편안히 살아 있으면 되니 오동나무처럼 쓰임새가 많을 필요도 없고, 느티나무나 은행나무처럼 뿌리가 왕성하게 뻗어 나가서도 안 되겠지요. 예로부터 소나무를 좋아했던 우리 조상이니 소나무를 곁에 두면 좋겠지만, 소나무는 너무 크지 않을까요? 그래서 사람들이 선택한 나무는 소나무의 한 종류이지만, 그리 우람하게 자라지 않고 예쁘게 자라는 반송이었지요.

반송은 땅 위로 솟아나오는 뿌리 윗 부분에서부터 줄기가 여러 갈래로 나뉘는 게 가장 큰 특징입니다. 그래서 나무의 줄기와 가지가 따로 구별되지 않습니다. 그 특징 외에는 여느 소나무와 똑같다고 보아도 틀리지 않습니다.

그런 특징을 갖고 자라다 보니, 반송은 마치 부챗살 펼치듯 널찍하게 옆으로 팔을 넓게 펼치며 자랍니다. 소나무처럼 키를 훌쩍 키우는 게 아니라 옆으로 자라니 키는 그리 크지 않지요. 어떤 사람들은 반송의 생김새를 보고, 우산처럼 넓게 펼친다고도 합니다. 옛날 분들이라면 삿갓을 떠올렸을 수도 있겠어요. 그래서인지 반송에는 '삿갓솔'이라는 별명이 붙어 있지요.

전체적으로 넓게 퍼지는 반송은 생김새가 아름다워 집 주위의 화단에 심기에 아주 좋습니다. 키가 지나치게 크지 않으니 화단에 잘 어울리겠지요. 물론 낮은 묘지 앞에도 잘 어울립니다. 그래서 소나무를 좋아했던 어른들은 소나무이면서도 유난히 예쁘게 자라는 반송을 무덤가에 많이 심었던 겁니다.

반송은 가지를 몇 개로 펼쳤느냐에 따라서 부르는 별명이 여러 가지 있습니다. 어떤 반송은 가지가 여섯 개로 나뉘었다 해서 '육송六松'이라 부르고, 아홉 개로 나뉘었다 해서 '구송九松'이라 부르는 나무도 있습니다. 또 어떤 나무는 '천지송千枝松' 혹은 '만지송萬枝松'이라는 별명을 갖기도 하지요. 지枝는 나뭇가지를 뜻하는 글자이니, 말 그대로 가지를 천 개, 혹은 만 개로 펼쳤다는 이야기가 됩니다.

가지가 천 개, 만 개라니요? 엄청난 나무이겠네요. 하지만, 실제로 가지가 천 개이거나 만 개인 나무는 없어요. 그냥 많은 가지가 아름답게 펼쳐진 나무라는 점을 강조하기 위해 붙인 별명일 뿐이지요. 가지가 여러 개로 펼쳐지는 특징을 가진 반송임을 드러내려 한 것이지요. 가지가 여섯 개이든, 아홉 개이든, 혹은 천 개나 만 개가 되든 반송은 무엇보다 아름다운 나무로 우리나라 나무 가운데 대표 선수쯤 된다는 것만큼은 틀림없는 이야기입니다.

구천의 가지가
하늘을 향해 뻗은
소나무

나무가 좋다! 무주 설천면 반송

우리나라에는
아름다운 반송이 참 많이 있어요.

반송들은 모두 멋진 나무여서, 어느 하나를 가장 아름다운 나무라고 꼽기가 어렵습니다. 그래도 딱 한 그루만 보여주어야 할 때 가장 먼저 보여주고 싶은 나무는 아무래도 천연기념물 제291호로 지정해서 보호하는 전라북도 무주군 설천면 삼공리 반송이지요.

어때요? 예쁘지 않나요? 어쩌면 저리 동그랗게 자랐을까요? 마치 누군가가 잘 다듬어주며 키운 것 같지 않아요? 나무의 키가 작다면 누군가가 동그랗게 잘 자라도록 매일 가지를 잘라주면서 키우지 않았을까 생각할 만큼 동그란 모습입니다.

삼공리 반송은 키가 17미터나 됩니다. 그러니 이 큰 나무를 누가 일부러 가지치기를 하며 저리 예쁘게 키웠다고는 생각할 수 없지요. 반송이라는 종류의 나무가 대개는 이렇게 예쁘게 자란답니다. 생김새가 조금씩 다르긴 하지만, 삼공리 반송처럼 나무 윗부분을 동그랗게 잘 다듬은 모습이지요.

이 나무는 삼공리 마을 뒷산의 거의 꼭대기쯤에 서 있어요. 이곳은 아름답기로 소문난 무주 구천동 계곡으로 가려면 꼭 지나치게 되는 곳이지요. 계곡으로 이어지는 도로를 가다 보면 멀리에서도 삼공리 반송의 멋진 모습을 찾아볼 수 있지요.

나무에 좀 더 가까이 다가가려면 삼공리 마을 입구에서부터 천천히 언덕길을 걸어 올라야 합니다. 비탈이 가파르기는 하지만 금세 오를 수 있으니까 걱정하지 않아도 됩니다. 나무 바로 앞까지 길이 나 있기는 하지만, 자동차로 오르는 것보다는 맑은 공기 마시며 걸어 오르는 게 좋아요, 길이 좁아 이 길을 오르다 옆으로 난 작은 개울에 자동차 바퀴가 빠지는 걸 본 적도 있답니다.

나무를 찾아가서 만나려면 조금씩은 걷는 게 좋아요. 수백 년을 살아온 나무들을 만나기 위해서 마음을 가다듬는다는 의미도 되고, 또 나무가 그토록 오래 살아남은 고장의 공기도 한껏 들이마신다는 의미도 있을 겁니다.

삼공리 반송은 큰 나무이지만, 나이는 그리 오래되지 않았어요. 150살 조금 넘은 나무지요. 그러니까 우리가 이 책에서 만나는 다른 소나무들에 비하면 아기나무라고 해도 틀리지 않아요. 150년 전쯤에 이 마을에 살던 이주식이라는 성함을 가지신 어른이 다른 곳에서 옮겨 심은 게 이처럼 잘 자란 거라고 합니다.

이 나무에는 '구천송九千松'이라는 별명이 붙어 있어요. 앞에서도 이야기했듯이 반송의 별명은 대개 나뭇가지의 숫자를 보고 붙인다고 했잖아요. 그러면 이 나무의 가지가 구천 개라는 뜻일까요? 실제로 삼공리 반송의 가지가 굉장히 많은 건 사실이지만, 구천 개는 되지 않아요. 이 나무에 '구천'이라는 별명을 붙인 건 어쩌면 이곳이 구천동 계곡으로 유명한 곳이어서 붙인 것인지도 모릅니다. 그렇다 하더라도 삼공리 반송은 구천의 가지가 하늘을 항해 뻗었다고 해도 좋을 만큼 멋지고 풍요로운 나무입니다.

아, 이 나무는 누가 특별히 가꾸어준 게 아니라고 했지요. 물론 누가 가지치기를 해서 동그랗게 만든 것이 아니라는 이야기는 맞습니다. 그런데 나무를 찾아가보면, 나뭇가지에 단단한 쇠줄을 매어둔 게 보여요

누군가 일부러 매어둔 거죠. 그건 나뭇가지들이 점점 크게 자라면서 가지가 옆으로 더 벌어져서 나중에는 자신의 무게를 못 이기고 부러질지도 모른다는 걱정에서 마련한 지지대라고 생각하면 됩니다. 나뭇가지 안쪽을 붙들어 맨 것이어서, 바깥에서는 잘 보이지 않지요.

한참 바라다보면, 저절로 우리들의 마음씨까지 부드럽고 예뻐지는 느낌을 받을 수 있는 참 예쁜 나무입니다.

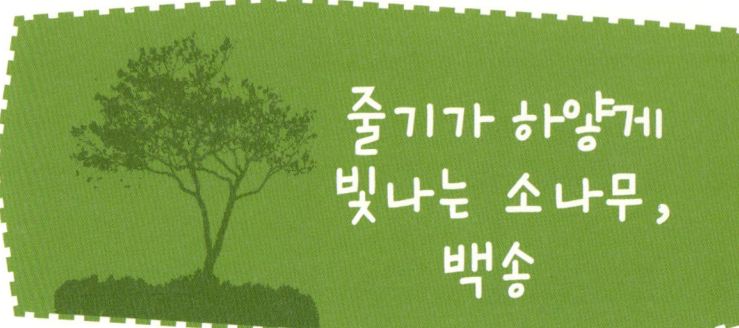

줄기가 하얗게 빛나는 소나무, 백송

 나무를 바라보는 방법, 혹은 나무를 더 흥미롭게 관찰하는 방법에 대해 알아볼까요. 여러분은 혹시 '향기를 귀로 듣는다'는 말을 들어본 적 있나요? 향기야 코로 맡아야 할 텐데, 어찌 귀로 들을 수 있을까요? 그러니까 이건 매우 상징적인 이야기랍니다. 귀로 향기를 들어야 하는 꽃이 있어요. 매화, 아시죠? 이 매화는 아주 조용한 곳에서 꽃을 피울 때 가장 아름답다고 하거든요. 그러니까 시끄럽고 번잡한 곳에서는 그 꽃의 진짜 멋을 느끼기 어렵다는 걸 강조하기 위해 은유적으로 표현한 말이에요.

 매화는 선비들이 굉장히 좋아했던 나무예요. 선비들은 시끄러운 속세를 그리 좋아하지 않았어요. 조용한 정원에서 혹은 선비의 집 뒤란에서 홀로 조용히 나무의 멋을 감상하고 싶어 했던 거죠. 이를테면 한없이 조용해서 난초 잎 위에서 또르르 이슬방울 굴러가는 소리가 들릴 만큼 조용한 곳이라야, 매화의 매화다운 멋을 느낄 수 있다는 말입니다.

 한 가지 더 이야기할까요? 이번에도 귀입니다. '귀로 보는 나무'도 있는데, 그건 뭘까요? 매화 피어나는 곳처럼 그렇게 조용할 필요까지는 없어도 나무의 멋을 제대로 느끼려면 잎사귀에 스치는 바람 소리를 들어야 한다는 겁니다. 예를 들어 한적한 시골집에 갔을 때 대청마루 뒤쪽으로 바람이 휙 지나가면 뒤란에서 자라는 나무들의 잎사귀가 우수수하며 소리를 내는 나무, 뭔지 알겠어요? 바로 대나무입니다. 그래서 '댓잎에 스치는 바람'이라는 말이 나온 겁니다.

매화나 대나무처럼 나무는 제가끔 특징을 갖고 있게 마련이지요. 나무를 제대로 보려면 바로 그 특징을 알고 봐야 한다는 걸 강조하기 위해 드린 말씀이었어요.

지금 우리가 만날 소나무는 줄기의 빛깔을 제대로 관찰해야 그 나무를 제대로 보았다고 할 수 있는 나무입니다. 소나무의 한 종류인 백송을 만날 차례입니다. 이 나무를 처음 보게 되면, 굳이 줄기의 빛깔을 관찰하라고 강조하지 않아도 자연스레 줄기에 눈길이 갑니다.

백송 白松의 이름부터 풀어볼까요? 소나무 송 松 자는 이미 아는 글자일 테고, 그 앞에 붙은 백 白 자는 '하얗다'는 뜻의 흰 백이잖아요. 이름대로 풀어보면 '하얀 소나무' 쯤 되겠네요.

백송의 특징은 바로 줄기 껍질에서 나는 흰 빛깔에 있습니다. 흰 빛깔의 줄기를 가진 나무 가운데 자작나무도 있지만, 자작나무만큼 하얀 피부를 가진 소나무가 바로 백송입니다. 백송의 줄기 껍질은 그냥 하얀 게 아니라, 하얀색을 바탕으로 밝은 회색의 얼룩무늬가 있어요. 무늬 때문에 자작나무의 밋밋한 흰 피부와는 또 다른 멋이 있지요. 어찌 보면 참 신비로워 보인답니다. 우리나라에서는 그리 흔한 나무가 아니어서 이 나무를 직접 본 사람들은 그리 많지 않습니다.

백송의 고향은 중국입니다. 중국에서는 잘 자라는 나무이지만, 다른 나라에서는 잘 자라지 못하기 때문에 우리나라에도 그리 많지 않답니다. 게다가 옮겨심기도 잘 안 되어 다른 곳에서는 보기 어려워요.

백송은 중국 사람들이 무척 좋아하는 나무예요. 그래서인지, 이 나무를 부르는 이름도 여러 가지랍니다. 하얀 껍질을 가졌다 해서 가죽 피 皮 자를 써서 백피송 白皮松이라고도 부르고, 줄기 무늬가 호랑이 가죽을 닮았다고 해서 호랑이 호 虎 자에 가죽 피 皮 자를 써서 호피송 虎皮松이라고도 부르지요. 기왕에 이름 이야기를 하는 중이니 북한에서 부르는 이름도 찾아볼까요? 나무 이름을 대부분 순우리말로 쓰는 북한에서는 이 나무를 그냥 평범하게 '흰소나무'라고 부른답니다. 어떤 이름도 죄다 이 나무의 특징인 줄기 빛깔에 기대어 부르는 이름이지요.

영어 이름은 뭘까요? 한번 생각해 보세요. 벌써 눈치 있는 분들은 화이트 파인White Pine이 아닐까 하고 생각했을지도 모릅니다. 그게 함정이랍니다. '흰소나무'를 그대로 영어로 옮기면 화이트 파인이 되겠지만, 실제로 화이트 파인이라 부르는 나무는 따로 있어서 헷갈리지 말아야 해요. 스트로브잣나무가 바로 화이트 파인이랍니다. 스트로브

잣나무는 우리나라 공원에도 많이 심고, 가로수로도 많이 심는 나무인데, 바로 그 나무를 화이트 파인이라 부른답니다. 백송은 영어로 레이스바크 파인Lacebark Pine이라고 불러요. 레이스는 무늬를 뜻하고, 바크는 나무줄기를 뜻하거든요. 영어권 사람들은 하얀색보다 하얗게 드러나는 무늬를 더 중요하게 여기나 봅니다.

줄기의 빛깔을 제외하면 백송은 여느 소나무와 생김새가 비슷합니다. 백송도 잘 자라면 30미터까지 자라지요. 다른 소나무만큼 왕성하게 잘 자란다는 이야기입니다. 굳이 다른 점을 찾아본다면, 잎사귀가 세 개씩 모여난다는 게 뚜렷한 차이입니다. 소나무의 잎이 두 개씩 모여나고, 잣나무가 다섯 개씩 모여나는데, 백송은 소나무나 잣나무와 다르게 세 개씩 납니다. 그래서 백송을 특별히 삼엽송이라고 부르는 사람들도 있지요.

추사 김정희
선생님이 사랑한
소나무

나무가 좋다! 예산 백송

나무들에게도 자기만의 비밀 이야기들이 있어요.
누가 심었는지, 어떻게 자랐는지 살펴보면 무척 재미있지요.
그런 남다른 재미를 몇 배 더해주는 나무가 바로 백송이에요.

이제 우리나라에서 유명한 백송을 만나려는데, 이번에는 나무를 통해 역사적으로 우리나라가 중국과 어떤 관계를 맺었는지를 찾아볼 겁니다.

백송을 만날 곳은 충청남도 예산군 신암면 용궁리입니다. 이곳에는 조선시대의 대학자인 추사 김정희 선생님이 태어나고 자란 옛집 '추사 고택'이 그대로 남아 있어요. 이 집에 가면 백송을 여러 그루 볼 수 있답니다. 다른 곳에서는 보기 어려운 백송을 이 집에선 여러 그루를 볼 수 있어서 특이합니다. 대문 앞 널찍한 마당에 이런저런 나무들을 멋지게 가꾸었는데, 그 나무들 사이에서도 하얀 피부의 소나무를 볼 수 있지요. 그게 바로 백송입니다.

집 안에 들어가 샅샅이 구경하다 보면, 집 뒤란 담장 곁 비탈에 서 있는 다른 백송도 볼 수 있지요. 왜 이렇게 기르기도 힘든 백송이 이 집에는 많을까요? 그래요. 집주인이었던 추사 김정희 선생님이 백송을 좋아했기 때문이에요.

선생님이 어린 시절에 이 특별한 소나무를 보게 되면서부터 백송과의 인연이 시작됩니다. 선생님의 증조할아버지인 김한신 어른은 조선시대 후기인 영조 임금 때의 훌륭한 선비였지요. 그분은 영조 임금의 둘째 따님인 화순옹주와 결혼하게 됐어요. 임금의 따님과 결혼하게 된 김한신 어른은 그 뒤, '월성위'라는 신분을 갖게 됩니다.

화순옹주는 영조대왕이 유난히 아끼던 따님이었어요. 그 따님이 혼례를 올리자, 영조 임금은 궁궐에서 멀지 않은 곳에 사위가 된 김한신과 화순옹주가 함께 살 수 있도록 집을 지어주고, 그 집의 이름을 월성위궁 月城尉宮이라고 했어요. 월성위 어른이 사는 집이라는 뜻이지요. 그 자리는 지금의 서울 정부종합청사 부근입니다. 한때 월궁동이라고도 부르다가 지금은 종로구 적선동이 된 곳이지요. 영조 임금은 김한신 할아버지가 살 집을 지어준 뒤에 자신이 아끼던 나무 중 한 그루를 이 집에 옮겨 심게 했지요. 그 나무가 백송이었습니다.

이 나무도 천연기념물로 지정해 보호하던 나무였는데, 지난 1990년 7월에 큰 바람을 맞고 한 순간에 쓰러지고 말았어요. 백송이 귀할 뿐 아니라, 영조 임금이 심은 나무라는 내력도 소중해서 이 나무를 살리려고 많은 분이 애를 썼지만, 나무는 다시 살아나지 못하고 죽어서, 지금은 볼 수 없는 상태가 되고 말았지요.

김정희 선생님은 어린 시절에 증조할아버지의 집인 이 월성위궁에서 살았다고 합니다. 여기에서 살 때 당시 최고의 학자였던 실학자 박제가를 만나게 됐고, 그분에게서 공부의 기초를 배웠다고 합니다. 그 시절에 선생님이 공부하다 잠시 쉬려고 바깥에 나서면 보게 되는 나무가 바로 영조 임금이 심은 백송이었어요. 소나무처럼 생겼지만, 줄기에 유난히 신비로운 광채를 띤 이 나무를 선생님은 무척 좋아했지요.

얼마 뒤, 선생님은 나랏일을 맡아서 하게 되었어요. 그때 선생님은 중국의 연경 땅에 임금의 명을 받아 사신으로 갔습니다. 연경은 중국의 수도 베이징의 옛 이름이에요. 연경에서 김정희 선생님의 눈길을 사로잡은 나무가 있었어요. 백송이었지요.

백송은 중국에서 잘 자라는 나무이기 때문에 연경에서는 흔히 볼 수 있었어요. 어린 시절 증조할아버지댁에서 보고 좋아하던 나무를 멀리 타국에 나와서 보게 되니, 얼마나 반가웠겠어요. 더구나 증조할아버지댁 외에선 볼 수 없던 나무인데, 연경에서 여러 그루가 줄지어 서 있는 걸 보게 된 겁니다.

 선생님은 어린 시절을 생각하며 이 멋진 백송을 고향에 가지고 가 키우고 싶었어요. 그래서 고국으로 돌아오는 길에 백송의 씨앗을 구해서 돌아왔어요. 우리나라로 돌아온 선생님은 임금께 연경에서 한 일을 보고한 뒤, 곧바로 충남 예산의 집으로 갔어요. 그리고는 백송 씨앗을 집 뒷동산에 있는 고조할아버지의 묘지 앞에 심었어요.

 그때가 선생님의 나이 스물다섯, 1810년 전후라고 합니다. 지금까지도 살아 있는 이 백송은 그러니까 2010년이면 꼭 200살입니다. 선생님의 옛집 추사고택에서 북서쪽으로 난 도로를 따라 600미터쯤 걸어가면 바로 그 추사 선생님의 백송을 볼 수 있습니다. 이 백송은 '예산 용궁리 백송'이라는 이름으로 천연기념물 제106호에 지정되어 보호하고 있습니다.

 우리나라에서는 흔하지 않은 귀한 나무이고, 그냥 바라보기만 해도 뭔가 예사롭지 않은 나무임을 충분히 알 수 있지만, 요즘 이 나무의 건강 상태는 그다지 좋지 않은 편입니다. 원래는 땅에서부터 50센티미터쯤 위로 올라간 부분에서 줄기가 셋으로 갈라져 자라던 것이었지요. 그런데 가장 컸던 가운데 줄기와 서쪽으로 뻗은 줄기가 오래전에 부러졌어요. 지금은 동쪽으로 난 줄기만 남아 있어서 어찌 보면 좀 애처롭기도 합니다. 그래도 옛사람의 묘지 앞 황량한 터에 홀로 우뚝 선 이 나무는 참 멋집니다. 특히 백송의 특징인 하얀 피부만큼은 잊지 못할 멋을 가졌어요. 신비롭다 하지 않을 수 없는 모습이지요.

예산 용궁리 백송 한 그루를 찾아보았을 뿐인데, 우리는 이 나무를 심은 조선시대 최고의 선비 김정희 선생님의 나무에 대한 취향뿐 아니라, 증조할아버지와 고조할아버지에 대해서까지 알게 됐네요. 게다가 임금의 명을 받아 당시 청나라에 자주 드나들던 김정희 선생님의 활약까지도 알게 됐어요.

나무를 찾아보는 재미가 여기에 있어요. 여러분도 잘 알다시피, 나무는 사람보다 훨씬 오래 살잖아요. 그러니 나무가 사람처럼 말을 하지 못한다 뿐이지, 실은 많은 사람살이의 내력을 그대로 담고 있지요. 그걸 하나둘 찾아보는 데에 바로 나무를 바라보는 재미가 있답니다. 그래서 제대로 보려면, 그냥 허투루 지나치며 볼 것이 아니라 한참 바라다보고 그 나무에 얽혀 내려오는 전설에서부터 역사까지 짚어보아야 한답니다. 그렇게 직수긋하게 나무를 바라보는 사람에게만 나무는 남다른 재미를 준답니다.

특히 백송은 중국이 고향이고, 중국 바깥으로 옮겨심기가 잘 안 되는 나무라고 했잖아요. 우리나라에서 스스로 자란 것은 분명히 아닐 테고 중국에서 온 나무일 텐데, 그러면 발 없는 나무가 어떻게 여기까지 옮겨왔는가를 살펴보는 일은 흥미롭지 않을 수 없지요. 우리나라에 오래된 백송이 있다는 건, 분명히 이 마을에 중국과 관계되는 옛 어른이 살았다는 증거일 겁니다. 그런 걸 눈치챈 사람이라면 아마도 그냥 넘어가지 않고, 마치 능력 있는 탐정처럼 나무의 내력을 알아내려 애쓰게 될 것이고, 그런 탐구 속에서 남다른 성취감을 느끼게 되겠지요.

아, 참. 한 가지 빠뜨린 이야기가 있네요. 앞에서 추사고택에 가면 대

문 앞과 고택 뒤란에서도 백송을 볼 수 있다고 했지요. 그 두 그루는 새로 심어 키운 백송이에요. 실제로 추사 김정희 선생이 심고 가꾼 나무는 고조할아버지의 묘지 앞에 있는 백송 한 그루뿐이었지요. 그런데 김정희 선생님이 백송을 좋아했기에 후손들이 번식하기도 어렵고 옮겨심기도 어려운 백송을 몇 그루 키워내서 집 주위에 심은 거랍니다.

땅을 향해 처진소나무와 하늘로 뻗은 금강소나무

아무 생각 없이 숲길을 걸으면, 나무들은 다 그게 그거겠지요. 그렇게 허투루 스쳐 지나기만 한다면, 나무의 아름다움을 도저히 느낄 수 없거든요. 그러니 조금 귀찮더라도 소나무들 사이의 차이점을 잘 알아두고 나무들을 바라보면 아마도 새로운 멋과 아름다움을 느낄 수 있을 거예요. 친구를 만날 때도 그렇지 않던가요? 다 똑같은 친구라 생각하기보다는 친구마다 아주 조금씩이라도 서로 다른 점을 찾아내고 그런 다른 점을 더 좋아한다면, 정말 오랫동안 좋은 친구가 되지 않겠느냐는 말입니다.

　소나무의 종류를 더 살펴보아요. 우선 처진소나무인데, 경기도 포천 군내면 직두리에 있는 부부송을 소개할 때 이야기했지요. 그 나무가 바로 처진소나무라고요.

　처진소나무는 별거 아니에요. 가지가 다른 소나무들처럼 하늘로 쭉쭉 뻗어 오르지 않고, 아래로 축축 처지는 특징을 가진 소나무라고 보면 됩니다. 그 외에 다른 점은 하나도 없습니다. 우리나라 곳곳에 처진소나무들이 여럿 있는데, 그리 흔하지는 않답니다. 하지만 오랫동안 잘 자란 처진소나무들은 아주 멋지답니다.

가지가 아래로 축축 처지는 나무로 도시에서도 많이 볼 수 있는 나무가 있어요. 흔히 능수버들이나 수양버들이라 부르는 버드나무가 바로 그런 나무지요. 이 능수버들도 따지고 보면, 버드나무 중에 가지가 아래로 처지는 나무를 가리키는 거랍니다. 가지가 아래로 처지는 나무들을 이름 지을 때, 앞에 '처진'이라는 말을 붙이기도 하고, '수양'이라는 이름을 붙이기도 해요. 벚나무 가운데에도 수양벚나무가 있는데, 그게 바로 가지가 아래로 처지는 나무지요.

오래된 처진소나무들은 천연기념물로 지정해 보호하고 있어요. 경상북도 청도의 큰 절 운문사의 경내에서 자라는 처진소나무 제180호, 청도의 매전면 동산리 처진소나무 제295호, 경상북도 울진 행곡리 처진소나무 제409호, 경상남도 거창 위천면 당산리 당송 제410호, 경기도 포천 군내면 직두리 부부송 제460호 등입니다.

처진소나무는 가지를 축 늘어뜨렸다고 했는데, 늘어뜨린 기준이 정확하지 않아요. 천연기념물 제410호인 거창 당산리 당송은 분명히 가지를 아래로 늘어뜨리고 있지만, 처진소나무라고 보지 않는 사람들이 많거든요. 그런 애매한 경우를 제외하면 한눈에 봐도 가지가 땅으로 처지는 특징이 있는 독특한 소나무라고 생각하면 됩니다.

또 한 가지 헷갈릴 수 있어요. 반송과 처진소나무를 구별하기 어렵다는 것이에요. 옆으로 가지를 넓게 펼치는 것은 두 종류 모두 똑같습니다. 그런데 반송은 줄기가 뿌리에서 땅 위로 올라오면서부터 곧바로 여러 갈래로 나뉜다고 했어요. 그러니까 한눈에 구별이 어렵다면 줄기를 보면 됩니다. 반송과 달리 처진소나무는 줄기가 하나로 곧게 올라왔는데, 위로 쑥쑥 자라지 않고 가지를 아래로 늘어뜨리며 옆으로 넓게 펼쳐집니다. 아시겠죠?

처진소나무와 정반대로 옆으로 펼치기보다는 하늘로 곧게 쭉쭉 뻗어 오르는 소나무가 있어요. 앞의 37쪽에서 잠깐 이야기했던 금강소나무라고 부르는 소나무입니다. 한자로 금강송 金剛松 이라고 부른다는 것도 앞에서 이야기했습니다.

금강소나무는 금강산 자락에서 자라는 소나무입니다. 금강산은 북한의 땅이지만, 금강산의 기운이 남쪽으로 이어진 곳이 바로 금강소나무가 자라는 지역입니다. 금강산을 중심으로 위아래로 이어지는 산맥 부근이지요. 우리나라의 남한 지역에서 금강소나무가 많이 자라는 지역은 경상북도의 북부인 울진, 봉화, 청송, 영덕, 영양, 영주 등의 산입니다. 이곳의 금강소나무 숲은 대부분 보호림으로 지정하여, 함부로 나무를 베지 못하도록 철저히 보호하고 있답니다. 최근에는 이 지역의 금강소나무 숲을 세계자연유산에 등록하자는 운동이 일어나기도 했지요.

금강소나무는 궁궐을 짓거나 숭례문과 같은 큰 건축물을 지을 때 가장 필요한 목재였어요. 줄기가 전혀 구부러지지 않고 곧게 뻗어 오를 뿐 아니라, 나무의 질이 좋아서 건축 자재로는 더없이 훌륭하기 때문이지요. 우리나라의 어느 금강소나무 숲에는 그 숲을 대표하는 가장 오래된 금강소나무 한 그루가 있는데, 이 숲에 있는 분들은 그 나무 한 그루로 집 한 채는 충분히 짓는다고 이야기하기도 합니다.

예전에는 경상북도 지역에서 자라는 금강소나무를 목재로 쓰기 위해 벤 후 한곳에 모아서 기차에 실어서 옮겼다고 합니다. 모아둔 금강소나무를 기차에 실었던 역이 경상북도 봉화의 '춘양역'이었어요. 영동선 열차가 지나가는 역이지요. 그래서 춘양에 모여서 떠나는 나무라 해서 금강소나무를 '춘양목'이라고 부르기도 합니다.

일본 사람들은 우리나라 소나무가 모두 구불구불 자라는 탓에 쓸모없을 뿐 아니라, 땅도 좋지 않기 때문이라며 나중에는 망할 것이라는 말도 안 되는 억지를 부렸다는 이야기, 기억하죠? 금강소나무처럼 곧게 쭉쭉 뻗는 소나무가 우리나라의 산에서 엄연히 자라는데 그런 말도 안 되는 이야기를 끄집어내다니요. 어이가 없을 지경입니다.

금강소나무는 줄기도 굵지만 키도 잘 크는 나무입니다. 낮은 키로 고개를 푹 숙이고 자라는 처진소나무와는 정 반대의 모습이지요. 처진소나무나 금강소나무나 생김새는 아주 다르지만, 모두가 우리가 아끼고 사랑하며 지켜내야 할 우리의 자랑임은 틀림없습니다.

막걸리 마시는
소나무

나무가 좋다! 운문사 처진소나무

잘생긴 처진소나무를 보러
경상북도 청도군을 찾아가요.

이곳에 가면 한꺼번에 흔하지도 않은 처진소나무를 두 그루씩이나 볼 수 있으니까요. 둘 다 천연기념물로 지정된 멋진 나무들이지요. 그 가운데 운문사 안에 있는 처진소나무를 만나 봅시다.

이 나무는 참 독특한 일을 합니다. 뭐냐면요. 일 년에 한 번씩 술을 취하도록 마신다는 겁니다. 절, 그것도 비구니 스님이라는 여자 스님들만 있는 이 아름다운 절에서 취할 만큼 술을 먹는답니다.

얼마나 먹느냐고요? 막걸리를 12말이나 먹지요. 엄청난 양입니다. 1말은 18리터예요. 우리가 흔히 볼 수 있는 생수 큰 병은 1.8리터짜리와 2리터짜리예요. 1말이 큰 생수 10병 정도이니, 12말이라면 큰 생수병이 120병이나 되는 겁니다.

그게 끝이 아니에요. 한꺼번에 술을 너무 많이 마셔서 나무가 취할까 봐 이 막걸리를 맑은 물과 섞어서 묽게 하지요. 그때 맑은 물과 술의 양을 똑같이 만들어요. 실제로는 조금 약하게 희석한 막걸리를 24말, 생수병으로 무려 240병을 한꺼번에 마신다는 겁니다. 대단하지요.

운문사의 스님들은 도대체 무슨 까닭으로 나무에게 술을 줄까요? 막걸리는 아주 오래전부터 우리 조상들이 빚어낸 술이잖아요. 쌀뜨물처럼 탁한 빛깔의 막걸리는 찹쌀이나 쌀, 보리, 밀 같은 곡식들로 만들어내거든요. 그러니 다른 술과 달리 막걸리에는 영양분이 풍부하겠지요. 막걸리에 들어 있는 영양분은 나무에게도 필요한 영양분이 되는 겁니다.

운문사 스님들은 보물처럼 귀하게 여기는 처진소나무에 영양분이 되는 거름으로 막걸리를 주는 거랍니다. 막걸리가 나무의 건강에 도움이 되느냐에 대해서는 여러 전문가마다 생각이 서로 조금씩 다른 듯합니다. 그렇지만 운문사 스님들은 여전히 해마다 삼월 삼짇날이 되면, 절집 안의 이 처진소나무에 막걸리를 주는 행사를 한답니다.

나무에 영양분을 주기 위해서 막걸리를 주는 것은 이해할 수 있겠지요? 그런데 달리 생각할 수도 있지 않을까요? 나무에 필요한 영양분을 하필이면 왜 막걸리에서 찾았느냐는 겁니다. 요즘은 나무의 영양에 도움이 될 다른 비료도 많고, 또 굳이 화학 비료를 쓰지 않는다면 절에서 천연 거름을 만들 수도 있을 텐데 말입니다.

혹시 나무를 사람처럼 생각한 건 아닐까요? 절집과 스님들의 평화를 위해 절집 한가운데 자리 잡고 앉아서 지난 한 해 동안 모든 수고를 다 했고, 이제 다시 봄이 왔으니 또다시 수고해야 할 테니 막걸리를 마시고 기운차리라는 생각은 없었을까요? 옛날이나 지금이나 막걸리는 열심히 일하는 농부들이 새참으로 마시면서 갈증을 풀던 음료수나 다름없거든요. 농부들이 그랬듯이 나무도 이제 지친 몸을 막걸리로 다스리라는 뜻이 있지 않았을까 하는 겁니다.

소나무 가운데에는 우리 부모들처럼 생각해서 부부송이라는 이름을 붙여준 것도 있었고, 심지어는 자식처럼 생각해서 모든 재산을 그대로 물려준 석송령(석송령 이야기는 이 책의 112쪽에서 자세히 보여 드릴 겁니다.)도 있는 걸 보면, 우리 민족은 옛날부터 나무를 사람처럼 생각했을 가능성이 아주 큽니다. 오래전부터 계속되어온 운문사 처진소나무의 막걸리 마시기 행사에는 아마 그렇게 아름다운 마음을 가진 스님들의 곱다란 뜻이 담긴 것이지 싶습니다.

운문사 처진소나무를 직접 보면 정말 스님들의 막걸리 대접을 받아도 좋을 만큼 점잖은 나무라는 생각이 들 겁니다. 아주 기품 있어요. 가지를 위로 뻗지 않고 아래로 축 늘어뜨렸기 때문에 키는 그리 크지 않아요. 10미터도 채 안 되는 크기지요. 가슴높이 줄기둘레는 3.5미터쯤 됩니다. 그러니까 어른 두 사람 정도면 둘러 안을 수 있는 크기이지요.

운문사 처진소나무의 크기는 무엇보다 넓게 펼친 품의 넓이입니다. 동서남북 사방으로 골고루 넓게 펼친 나뭇가지는 동서 방향으로 22미터, 남북 방향으로 24미터가 넘을 정도예요. 이 정도면 엄청난 크기라 하지 않을 수 없습니다.

이 나무를 찾아가면 그냥 멀리서 바라보기만 해도 멋지다는 감탄사가 저절로 나오지만, 반드시 나무 가까이 다가가 처진 가지들 아래 속 모습을 꼭 보아야 합니다. 나무 주위에 울타리를 쳐놓아서 나무줄기 가까이까지는 다가설 수 없지만, 울타리 가까이에 다가서면 이 나무의 줄기를 훤히 볼 수 있고, 가지들이 어떻게 처졌는지도 살펴볼 수 있거든요. 곧게 오른 줄기 끝에서 뻗어 나온 가지들이 일제히 몸을 낮춰 바닥으로 늘어뜨린 모습이 여간 멋진 게 아닙니다. 이렇게 몸을 낮춘 모습을 보고 운문사의 스님들은 이 큰 나무처럼 늘 겸손하게 살아야 한다는 걸 배우기도 한답니다.

바닷가에서 자라는 소나무, 곰솔

집을 떠나서 먼 곳을 여행하거나 시골의 친척 집에 가면, 별다른 일이 없는데도 공연히 배가 아프거나 피곤한 적이 있었나요? 그럴 때 어른들이 '물갈이 탓'이라고 하는 걸 들은 적 있을 겁니다. 꼭 물 탓만은 아니겠지만, 평소에 살던 자리를 떠나서 새로운 곳에 가면 우리 몸이 그곳에 적응하기까지 시간이 좀 걸리잖아요. 게다가 자리를 옮기면 가장 뚜렷하게 달라지는 게 먹는 물이니 어른들은 '물갈이 탓'이라고 이야기하는 거죠. 역시 사람은 자기가 사는 자리, 사는 땅, 그 기후가 가장 좋은 거지요. 신토불이 身土不二, 즉 몸과 땅은 서로 다르지 않다는 말도 그래서 나온 겁니다.

사람뿐 아니에요. 세상의 모든 살아 있는 생물은 자기 자리, 자기 땅이 있는 법이지요. 물론 자기 자리를 떠나 새로운 환경에 적응하는 것도 살아가는 방법의 하나이겠지만, 무릇 모든 생물에게는 자기답게 살아갈 수 있는 환경이 있게 마련입니다. 숲 속의 그늘진 곳에서 잘 사는 나무가 있는가 하면, 넓은 들판에 홀로 우뚝 서서 자라는 나무가 있지요. 또 시내가 졸졸 흐르는 계곡에서 자라는 나무가 있고, 넓디넓게 확 트인 바닷가에서 자라는 나무가 있습니다.

소나무 가운데도 바닷가에서 사는 나무가 있어요. 곰솔이라는 예쁜 이름으로 부르는 소나무입니다. 곰솔이라 하니까, '소나무에 웬 곰' 하며 동물원에서나 볼 수 있는 곰을 떠올렸을지 모르겠습니다. 그러나 곰솔의 곰은 그런 뜻이 아닙니다. 곰솔은 처음에 '검은솔'이라고 불렀다고 합니다. 세월이 흐르는 동안 '검은솔'을 쉽고 빠르게 부르면서 '거믄솔'이 되고, 다시 '검솔'이 되었다가 나중에 '곰솔'이 된 거랍니다.

곰솔에는 대체 왜 '검다'는 색깔이 들어갔을까요? 곰솔은 생김새나 자라는 특성이 여느 소나무와 크게 다를 것이 없지만, 줄기의 껍질에 검은색이 짙게 들어 있거든요. 다른 소나무의 줄기에서 붉은빛이 나는 것과 뚜렷이 구별되는 점이지요. 그래서 한자로는 흑송黑松이라고도 부릅니다. 소나무 송松 자 앞에 검을 흑黑 자를 붙인 거죠. 줄기에서 붉은빛이 나는 우리 소나무에는 붉을 적赤 자를 붙여서 적송赤松이라고 부르는 것과 같은 방식입니다.

곰솔은 특별히 바닷가에서 잘 자라요. 바닷가에 가면, 해변에 펼쳐진 멋진 소나무 숲을 본 적 있지요? 그 숲의 나무들을 그동안 여러분은 그냥 소나무라고 했을 겁니다. 그 나무들이 바로 곰솔이에요. 바닷가에서 잘 자란다고 해서 붙인 한자 이름도 있어요. 이번에는 소나무 송 松 자 앞에 바다 해 海 자를 붙이면 됩니다. 해송 海松입니다. 그러면 바닷가가 아닌 육지에서 자라는 소나무의 한자 이름은 뭐가 될까요? 맞습니다. 뭍 육 陸 자를 써서 육송 陸松이라고 하면 됩니다.

소나무를 부르는 이름들을 정리해 볼까요? 소나무가 자라는 자리에 따라서 육지에 사는 소나무가 있고, 바닷가에 사는 소나무가 있습니다. 육지 소나무는 줄기에서 붉은빛이 나고, 바닷가 소나무는 줄기에서 검은빛이 나지요. 그래서 육지에서 자라는 소나무는 육송 陸松, 적송 赤松이라 부르고, 바닷가에서 사는 소나무는 해송 海松, 흑송 黑松이라고 부릅니다. 그걸 다시 순우리말로 부르면, 육송과 적송은 그냥 소나무라 하면 되고, 해송과 흑송은 곰솔이라 부릅니다. 이제 정리가 되었나요? 곰솔의 다른 이름으로 숫솔, 완솔도 있지만 잘 쓰이지 않아요.

사실 나무들이 바닷가에서 살기는 쉬운 일이 아니에요. 바닷가에서 부는 바람에는 소금기가 있잖아요. 소금기는 나무들이 자라는 데 결코 좋지 않답니다. 도시의 가로수들도 소금기 때문에 무척 힘들어하고 있으니까요.

도시에 웬 소금기냐고요? 바로 음식물 쓰레기에서 나오는 거지요. 식당 앞에 있는 가로수 앞에 음식물 쓰레기를 갖다 놓으면 쓰레기에서 흘러나오는 소금기가 나무의 뿌리 부분까지 스며들어서 결국은 나무가

죽게 되는 겁니다.

　그렇게 소금기는 나무들에게는 위험한 겁니다. 그런데도 곰솔은 유난히 소금기가 짙은 바닷가를 좋아하는 나무랍니다. 얼핏 보면 육지에 사는 소나무와 다를 게 없어 보이지만, 자세히 바라보면 서로 다른 점이 눈에 들어올 겁니다. 자, 다른 점을 이제 하나하나 찾아봅시다.

　우선 곰솔은 멀리서 보아도 줄기가 곧고 쭉쭉 뻗어 올랐다는 느낌이 듭니다. 앞에서 여러 차례 이야기했듯이, 금강소나무를 제외한 우리나라의 다른 소나무들은 대부분 줄기가 구불구불 굽으며 자란다고 했잖아요. 그런데 바닷가에서 자라는 곰솔은 쭉쭉 뻗어 오른 데다 바로 앞으로 넓은 바다가 펼쳐져 있어서 우선 시원한 느낌이 듭니다. 곰솔은 줄기가 비교적 곧게 자라는 점이 소나무와 다른 점이지요. 곧게 뻗은 소나무가 바닷가에 무리를 지어 자라는 모습, 상상만 해도 시원하네요.

　좀 더 가까이 다가가서 관찰합시다. 줄기의 색깔을 보세요. 이름에 검은빛이 돈다는 뜻이 있으니, 당연히 검겠지요? 그렇다고 새까만 색은 아니니까 당황하지 마요. 새까만 색을 기대했다면 실망할 겁니다. 검은색이라 했지만, 아주 까만 것은 아니고 짙은 회색에 가깝습니다. 하지만 가만히 살펴보면 육지의 소나무에서 흔히 볼 수 있는 붉은빛이 돌지 않는다는 걸 금세 알 수 있어요. 그래서 옛날 사람들은 두루뭉술하게 '검은솔'이라 불렀던 겁니다.

　기왕에 나무에 가까이 다가섰으니, 한 가지만 더 살펴보아요. 잎입니다. 곰솔의 잎은 소나무 잎과 마찬가지로 두 개씩 모여나는 게 똑같습니다. 그러니 바라보기만 해서는 특별히 다른 점을 찾기가 어려워요.

이번에는 살짝 만져봅시다. 손가락이 아니라 손바닥을 곰솔의 잎에 가까이 가져가는데, 마치 솔잎으로 손바닥을 찌르는 듯이 천천히 대보아요. 앗! 따가웠나요? 그러면 그건 분명히 곰솔입니다.

곰솔 잎은 소나무 잎보다 억세고 딱딱합니다. 아, 소나무의 잎을 만져보지 못했다고요. 그렇군요. 다음에 소나무를 만나게 되면 한번 꼭 소나무 잎을 만져보고, 곰솔 잎에서 느꼈던 따가움과 비교해 보기 바랍니다. 소나무는 그렇게 따갑지 않거든요. 곰솔은 아마도 나무가 살기 쉽지 않은 바닷가에서 자리 잡으려고 일부러 몸을 더 딱딱하고 튼튼하게 키운 것 아닌가 싶네요. 그런 몇 가지 특징만으로도 곰솔을 소나무와 구별할 수 있습니다.

곰솔은 생명력이 강해서 일단 뿌리만 내리면 그 자리에서 오래도록 잘 자랍니다. 처음에 싹을 틔우고 어릴 때에는 자라는 속도가 느린 편입니다. 하지만 일단 어느 정도 자라고 나면 부쩍부쩍 자란답니다. 우리나라에서 곰솔은 중부 지방 이남의 바닷가 대부분 지역에서 잘 자랍니다. 워낙 생명력이 강하다 보니, 바닷가를 떠나서 내륙 지방에서도 뿌리만 내리면 오래도록 잘 사는 나무입니다.

사람의 소원을
하늘에 전하는
소나무

나무가 좋다! 제주 곰솔

우리나라에는 오래전부터
천연기념물로 지정한 멋진 곰솔들이
여럿 있었어요.

바닷가에 서 있는 곰솔도 있지만, 내륙에 들어와서도 강인한 생명력을 자랑하며 아름답게 자라난 곰솔도 있었지요. 그런데 공교롭게도 곰솔 몇 그루가 최근 들어 죽고 말았어요. 참 이상하게도 천연기념물로 지정된 여러 나무 가운데 유독 곰솔에 피해가 집중되었어요.

어떤 나무는 태풍에 가지가 부러지면서 죽기도 했고, 벼락을 맞아 쓰러지기도 했어요. 하기야 나무도 살아 있는 생명체이니, 모든 생명체와 마찬가지로 태어나서 잘 자라다가 늙게 되고, 늙으면 죽는 것은 당연한 일이겠지요. 게다가 허허벌판에 홀로 우뚝 서서 비바람 눈보라 다 맞아야 하다 보니, 사는 게 참 어려울 겁니다. 그러다 보니 이 큰 나무들이 태풍도 맞고 벼락도 맞은 겁니다.

특히 충청남도 서천군 신송리 마을 뒷동산에 서 있던 곰솔과 전라북도 익산시 신작리 곰솔이 2002년과 2007년에 벼락을 맞고는 죽었어요. 참으로 안타까운 마음이 큰 것은 이 두 나무가 당시 우리나라에 살아 있는 곰솔 가운데에 가장 아름다운 나무였거든요. 그래서 이제 곰솔 가운데 천연기념물로 남아 있는 나무로는 제주 산천단 곰솔 제160호과 부산 좌수영지 곰솔 제311호, 전주 삼천동 곰솔 제355호, 해남군청 곰솔 제430호, 제주 수산리 곰솔 제441호 등이 있어요.

우리 좀 멀리 떠나봅시다. 우리나라의 곰솔 가운데 가장 큰 나무이기도 하고, 한 곳에서 여러 그루의 곰솔을 한꺼번에 볼 수 있는 곳이기도 하지요. 앞에서는 그냥 제주 산천단 곰솔이라고 했는데, 천연기념물로 지정된 이름은 정확히 '제주 산천단 곰솔군'이에요. 뒤에 붙은 군群은 '무리' 혹은 '떼'를 뜻하는 한자예요. 즉 곰솔이 무리를 지어 자란다는 겁니다.

이곳에는 여덟 그루의 곰솔이 모여 서 있는데, 모두가 멋지고 훌륭한 나무들이랍니다. 이 가운데 가장 큰 나무는 키가 거의 30미터에 이릅니다. 정확히는 29.7미터예요. 정말 큽니다. 아파트 높이로 따지면 거의 10층 높이에 이르니, 얼마나 큰 나무인지 짐작할 수 있겠죠. 나이도 600살이나 됐다니, 참 신성하고도 훌륭한 나무임이 틀림없습니다.

실제로 만나보면 그 어마어마한 크기에 놀라게 됩니다. 그야말로 하늘 끝까지 닿아 있는 나무입니다. 그런 큰 나무를 보고 옛날 사람들은 이 곰솔이야말로 하늘에까지 우리의 소원을 전해줄 수 있으리라 생각했던 모양입니다. 아니면 우리의 소원을 들어주러 땅에 내려오던 하늘의 신들이 잠시 쉬기에도 적당한 곳이라 생각했던 모양이에요. 이 곰솔에 그런 전설이 전해오거든요.

아주 옛날부터 제주도 사람들은 한라산 꼭대기에 있는 백록담까지 올라가서 마을 제사를 올렸다고 합니다. 그런데 한라산 지역은 산이 높아서 날씨가 궂을 때가 잦았어요. 그건 요즘도 마찬가지예요. 비도 많이 오고, 바람도 많이 불지요. 제주도를 그래서 바람 많은 섬이라고도 하잖아요. 한라산 한번 오르려면 마음을 단단히 먹어야 한답니다.

정성껏 제사 준비를 해서 한라산에 오르려는데, 날씨가 궂어서 오르지 못하는 날이 많았답니다. 요즘이야 길을 잘 닦아서 한라산 오르는 일이 옛날보다는 매우 쉬워졌어요. 그 높은 산의 중턱까지는 자동차로 오른 뒤에 중간 이후 정상까지만 걸어 오르면 되거든요. 그래도 결코 쉬운 길은 아닌데, 길도 제대로 나 있지 않던 옛날에는 오죽했겠어요?

산을 오르다 큰 비가 내리고, 센 바람이 불어오면 사람들은 할 수 없이 중간에 머무르며 날씨가 좋아지기만을 기다려야 했겠지요. 그러나 날씨가 그렇게 사람 마음대로 되나요? 하루가 지나고 이틀이 지나고 사흘이 지나도 비는 멈추지 않았어요. 조금 더 지나면 정성껏 마련한 제사 음식이 상할지도 모르는 좋지 않은 상황에 이르게 됐어요.

그때 하늘만 바라보던 사람들의 눈에 들어온 게 바로 이 곰솔이었어요. 하늘 끝에 닿을 듯 솟아오른 곰솔 꼭대기에 마치 우리의 정성을 아는 하늘의 신이 내려와 있는 것처럼 생각했지요. 그래서 사람들은 곰솔 곁에서 제사 지낼 생각을 했습니다. 힘을 합해 제사 음식을 올려놓을 제단을 쌓고 그곳에서 제사를 지냈던 겁니다. 바로 그 제단을 산천단이라 부르게 되었고, 그 뒤로는 아예 백록담 오르는 길목에 있는 이 산천단에서 제사를 지냈습니다. 커다란 곰솔은 곧 하늘에서 내려오는 신이 잠시 머물며 쉬는 곳이라고 생각한 겁니다.

산천단에 가면 옆으로 비스듬하게 자라난 큰 곰솔 말고도 다른 일곱 그루의 곰솔을 모두 찾아보세요. 생김새가 조금씩 다르지만 모두가 우리나라에서 최고라 할 수 있을 만큼 멋진 나무들입니다. 게다가 하늘에서 내려오는 신이 머물렀던 나무라 하니, 얼마나 근사하겠어요.

소나무와 우리 문화

3부

우리나라 사람들이 소나무를 귀하게 여긴 까닭은?

앞에서도 살펴 보았던 숲의 천이 과정을 한 번 더 돌아볼까요. 소나무가 자라면서 땅을 기름지게 하면, 소나무 아래의 땅에는 소나무 외에 신갈나무나 물푸레나무와 같은 넓은잎나무들이 들어와 뿌리를 내린다고 했습니다. 그리고 그 나무들이 어렵사리 소나무 그늘 사이로 겨우 드는 햇빛을 받고 자라나서 소나무보다 크게 자라면, 그때부터는 소나무가 살아남기 힘들다고 했지요? 그 이야기를 하면서 한 가지 궁금한 점이 남아 있었어요.

그렇게 소나무가 살아남기 힘들다면, 자연스럽게 소나무 숲은 사라지고 신갈나무와 같은 넓은잎나무가 숲을 차지해야 하는데, 우리나라에는 유난히 소나무 숲이 많잖아요. 우리나라만의 특별한 까닭이 있다고 했는데, 이제 그 답을 찾아볼 차례입니다.

옛사람들은 오래 전부터 소나무를 매우 귀하게 여겼어요. 숲에서 치열하게 경쟁하며 살아남아 소나무를 숲에서 내쫓을 넓은잎나무들과 달리 소나무는 마치 우리 정신문화의 상징처럼 귀하게 여겼습니다. 그러니까 우리 민족문화의 상징으로 여긴 겁니다. 그뿐 아니라, 소나무의 각별한 쓰임새도 소나무 숲을 오랫동안 보전하는 데에 한몫했어요.

이를테면 궁궐을 짓는데 가장 좋은 나무로 소나무를 꼽았던 거죠. 숭례문과 광화문을 복원하면서 좋은 소나무를 찾으려고 애썼던 건 우리도 잘 아는 이야기잖아요.

특히 조선시대에는 임금이 산에서 소나무를 베지 못하도록 직접 어명을 내리기까지 했답니다. 소나무와 달리 신갈나무나 굴참나무, 물푸레나무와 같은 넓은잎나무는 베어도 좋다고 했지요. 그러다 보니 신갈나무나 굴참나무가 아무리 잘 자라봐야 곧바로 사람의 손에 베어지고 말았던 겁니다. 결국 우리 숲에선 소나무가 주인이 될 수밖에 없었지요.

심지어 조선시대에는 '금송령禁松令'이라는 법까지 있었어요. 소나무를 베지 못하게 하는 법이었습니다. 또 소나무를 얼마나 귀하게 여겼는지를 보여주는 이야기도 있습니다. 조선시대의 훌륭한 임금인 정조 때

의 일이에요.

정조 임금은 지금의 경기도 수원 지역에 소나무를 많이 심고 가꾸었답니다. 그리고 그곳을 자주 찾았는데, 사람들이 소나무를 몰래 베어내는 바람에 소나무가 살아남기 어렵다는 이야기를 듣게 됐어요. 그러자 정조 임금은 소나무 가지에 엽전을 매달라고 했어요. 만일 소나무를 베어야 할 정도로 가난한 사람들이라면, 나무를 베지 말고 엽전을 가져가라는 거였어요. 임금의 뜻을 알아차린 백성은 그때부터 수원의 솔숲을 잘 지켰다고 합니다.

조금 엽기적인 이야기가 하나 더 있습니다. 정조 임금이 어느 여름 날, 소나무 숲을 찾아갔는데, 소나무들의 건강이 그리 좋아 보이지 않았답니다. 이를 수상히 여긴 임금은 나무를 자세히 관찰하는데, 나뭇가지마다 송충이가 기어 다니고 있었어요. 그러자 정조 임금은 송충이 한 마리를 손으로 잡은 뒤, 꿀꺽 삼켜버렸답니다. 이 광경을 곁에서 지켜본 신하들은 얼마나 소나무를 사랑하기에 그 징그러운 벌레까지 집어 삼킬까 하면서 감동했대요. 그리고는 임금이 별다른 이야기를 하지 않아도 소나무 숲을 지키느라 모두 애썼다고 합니다.

정조 임금이 직접 자신의 돈을 들여 소나무 500그루를 심어 이룬 멋진 소나무 숲은 지금까지 '노송지대'라는 이름으로 지켜지고 있어요. 지금은 겨우 37그루만 남아 있지만, 여전히 아름다운 소나무의 기품을 잃지 않았답니다.

우리나라의 소나무들은 이처럼 특별대우를 받으며 자라났습니다. 만

이 같은 특별대우를 받지 않았다면 우리나라의 숲에서도 소나무는 서서히 신갈나무나 굴참나무, 물푸레나무와 같은 넓은잎나무들에게 자리를 내어주고 말았을 겁니다. 우리나라 산과 들에 소나무가 이리 많은 것은 우리 조상이 소나무를 정말 얼마나 귀하게 여겼는지를 알려주는 명백한 증거인 셈입니다.

임금 같은
기품을 갖춘
소나무

나무가 좋다! 괴산 청천면 삼송리 왕소나무

> 오랫동안 임금의 극진한 사랑을 받으며 자라난 우리나라의 소나무 가운데에는 '왕'이라는 이름이 붙은 소나무가 있어요.

소나무의 이름이 '으뜸'을 뜻하는 '수리'에서 나왔다고 이야기했지요. 나무 중의 으뜸인 소나무 가운데 '왕'이라면 도대체 어떤 나무일까요?

충청북도 괴산군 청천면 삼송리에 가면 그 '왕' 소나무를 볼 수 있어요. 삼송리라는 마을 이름도 재미있어요. '삼송三松'은 소나무 세 그루를 뜻합니다. 아주 먼 옛날에 이 마을에는 큰 소나무 세 그루가 있었다고 해요. 지금은 한 그루만 남아 있지만, 세 그루 모두 멋진 나무였다고 합니다. 마을 사람들의 자랑이기에 충분했던 거죠. 그래서 아예 마을 이름을 '세 소나무 마을'이라고 했습니다.

세 그루 중 지금까지 남아 있는 한 그루가 바로 '왕소나무'라는 별명이 붙은 소나무입니다. '왕'이라는 별명은 물론 마을 사람들이 붙인 겁니다. 하지만 누구라도 이 나무를 만나면 정말 왕이라는 별명이 붙은 데에 의문을 달지 않을 만큼 위엄 있는 나무라는 생각을 하게 됩니다. 이 소나무도 천연기념물 제290호입니다.

삼송리 왕소나무는 마을 뒤편 언덕 위에 늠름하게 우뚝 서 있어요. 무엇보다 생김새가 웅장해서 그야말로 임금 같은 기품을 갖춘 멋진 소나무지요. 이 나무는 삼송리 마을에서 조금 떨어진 언덕 위에 서 있습니다. 뒷동산 언덕 위에는 소나무가 모여서 자라는 작은 숲이 있고 그 주변으로는 평평하게 너른 밭이 펼쳐져 있지요. 솔숲에는 모두 열여덟 그루의 크고 작은 소나무가 자라고 있는데, 그 가운뎃자리에 떡 버티고 서 있는 나무가 바로 왕소나무입니다.

왕소나무 주위에 서 있는 소나무 열여덟 그루는 그리 크진 않지만 왕소나무 주변으로 고르고 무성하게 자라나 있어 멀리서는 '왕소나무'의 모습이 드러나지 않아요. 그저 작은 소나무 숲처럼 보일 뿐이지요. 웬만한 시골마다 볼 수 있는 마을 근처에 편안하게 쉴 수 있는 마을 숲처럼 말입니다. 그 솔숲 한 편의 커다란 바위에 '왕소나무'라고 멋지게 새긴 표석을 세웠다는 것만이 뭔가 남다른 숲이라는 걸 알아보게 합니다.

가까이 다가가서 이 작은 솔숲을 관찰하면 분위기가 참 재미있어요. 가운데 우뚝 선 왕소나무는 주변의 다른 소나무들을 거느린 듯한 늠름한 자태로 서 있거든요. 신하들의 호위를 받는 임금 같다니까요. 다시 주변의 다른 소나무들에 눈길을 돌리면, 그들은 아주 공손한 태도로 임금 소나무를 떠받들어 모시는 신하들처럼 머리를 조아린 모습이지요. 왕소나무라는 별명이 괜히 붙은 게 아니라고요.

그런 분위기가 아니라 해도 왕소나무는 그 자체로도 멋진 나무입니다. 왕소나무는 키가 13미터쯤 되고, 어른 가슴높이쯤에서 잰 둘레도 5미터나 되는 큰 나무예요. 줄기가 약간 비스듬하게 솟아올랐다는 것도 마치 거드름을 피우고 서 있는 임금의 모습이지요.

왕소나무의 줄기는 4미터쯤 되는 높이에서 둘로 갈라지면서 옆으로 가지를 펼쳤습니다. 줄기 끝에서 사방으로 쫙 펼친 가지들은 그야말로 수천 개가 넘을 만큼 화려합니다. 게다가 가지 하나하나가 곧게 뻗지 않고, 기묘하게 비틀리면서 뻗어 나갔어요. 웅장하지만 성급하지 않고, 기묘하지만 지나치지 않은 만큼 비틀린 모습이 참 멋있습니다. 줄기의 색깔 또한 소나무 특유의 붉은 빛깔을 선명하게 띠고 있어서 싱그럽기까지 합니다.

  소나무의 피부에선 붉은빛이 난다고 했잖아요. 이 왕소나무의 줄기에서는 바로 그 붉은빛이 아주 선명하게 드러나서 그야말로 우리나라 최고의 소나무라 해도 틀리지 않을 겁니다.

  밑둥치부터 나뭇가지 끝으로 조금 비스듬하게 이어지는 줄기의 모습은 울퉁불퉁하면서도 미끈한 근육질로 이루어졌어요. 살아서 꿈틀대는 거대한 용처럼 보일 정도입니다. 그래서인지, 마을 사람들은 이 소나무가 하늘로 기운차게 오르는 용트림을 한 모습이라 해서 '용송龍松'이라고도 부릅니다.
  그러고 보니, 소나무의 별명 가운데에는 용龍을 빌린 이름이 참 많군요. 그건 아마도 소나무의 신비로운 모습과 용의 신성함을 빗대려 했던 옛날 조상의 표현인 모양입니다. 아무래도 현실에서 볼 수 있는 짐승이 아니라, 전설 속의 가장 신비로운 동물을 끌어대야 더 신성하게 여기지 않을까 생각한 것이겠지요.

우리 문화의 가장 으뜸 자리에 있는 나무는?

우리나라 문화를 '소나무 문화'라 불러도 좋을 만큼 소나무는 우리와 친밀한 나무라는 이야기를 했지요. 그러면 이번에는 소나무가 우리 민족의 옛 문화 혹은 전통에 얼마나 깊숙이 스며들어 있는가를 살펴보지요.

여러분은 〈세한도〉라는 그림을 아나요? 추사체라는 글씨로 유명한 '추사 김정희'라는 분이 있지요. 〈세한도〉는 조선 후기의 대학자로 활동한 추사 김정희 선생이 그린 그림으로, 현재 국보 제180호로 보존하는 조선시대의 대표적인 명화입니다. 단출한 집 한 채와 나무 몇 그루가 전부인 소박한 그림이지요. 그런데 이 그림에는 선비의 정신과 마음이 고스란히 담겨 있어서 우리나라의 옛 그림 중 최고에 꼽히는 그림이에요.

〈세한도〉에서 가장 먼저 눈에 들어오는 건 뭐니뭐니해도 소나무입니다. 물론 이 그림에는 소나무 외에도 잣나무가 있습니다만, 그림의 중심은 소나무이지요. 중국의 고전인 『논어』에는 "날씨가 추워져야 소나무와 잣나무가 아름다운 걸 알게 된다"라는 말이 있습니다.

🌲 소나무나 잣나무는 겨울에 날씨가 아무리 추워도 잎사귀를 떨어뜨리지 않는 늘푸른나무잖아요. 다른 나무들이 모두 잎을 달고 있을 때에는 그리 도드라져 보이지 않지만, 겨울이 되어 다른 나무의 잎이 다 떨어지고 헐벗을 무렵이 되면 사정은 달라집니다. 더구나 온 누리에 하얗게 눈이 내렸다고 생각해 보세요. 살을 에는 추위와 하얀 눈밭에서도 초록의 푸름을 잃지 않고 싱그럽게 빛나는 소나무와 잣나무의 아름다움은 그때에 최고의 빛을 발휘하는 겁니다.

김정희 선생의 〈세한도〉는 그 글을 바탕으로 그린 거라고 볼 수도 있어요. 추위가 깊어져도 결코 푸른 기상을 잃지 않아야 하는 선비의 기상을 소나무에 빗대어 그린 그림이라고 할 수 있어요.

〈세한도〉뿐이 아닙니다. 우리네 옛 그림에 소나무만큼 많이 등장하는 주연급 소재도 없지요. 특히 선비들의 절개와 기상을 상징할 때라면 어김없이 소나무를 등장시켰어요. 소나무가 사철 푸른 잎을 간직하는 늘푸른나무인 까닭이겠지요. 물론 상록수는 소나무 말고

99

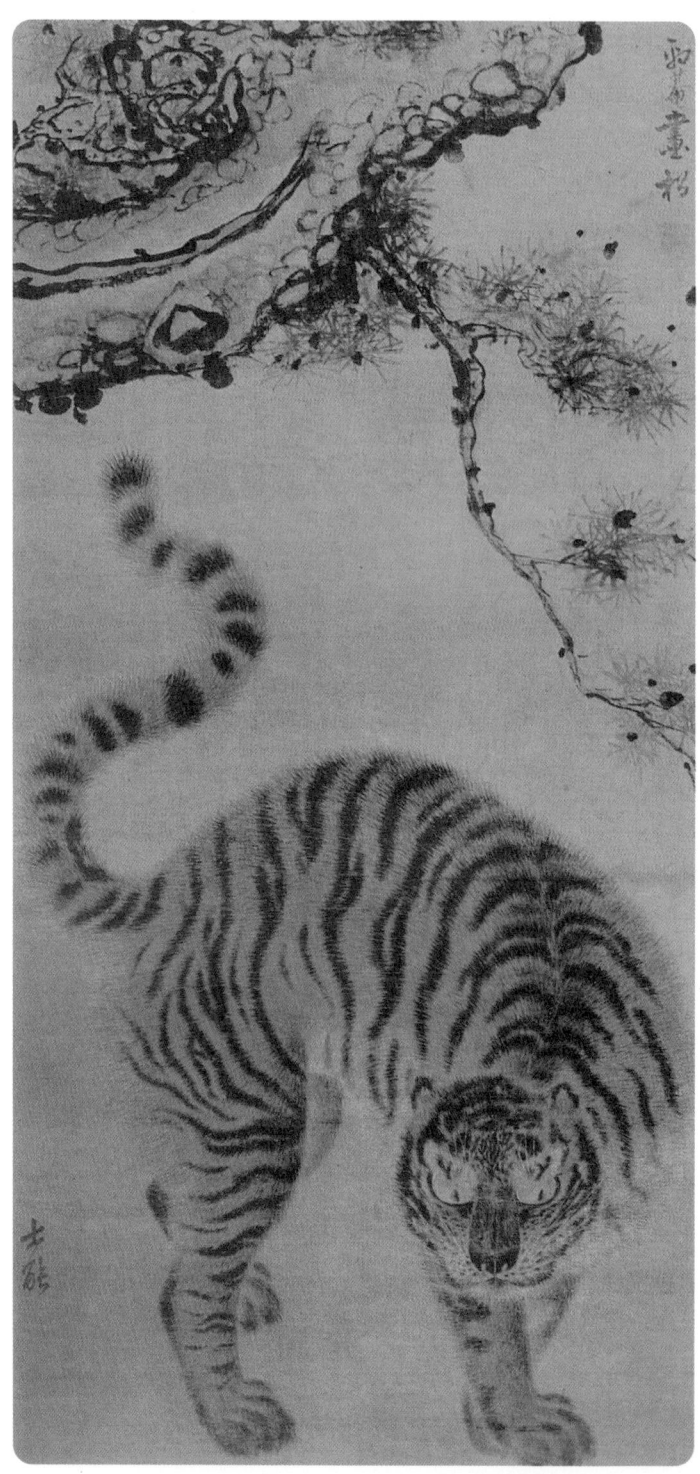

도 많아요. 그러나 푸른 절개에 어울리는 늠름한 모양새에서 풍겨 나오는 기상은 다른 어느 나무가 따를 수 없습니다.

그림 하나를 더 보아요. 우리나라의 대표 화가 가운데에는 단원 김홍도라는 분이 있습니다. 이 분이 그린 그림 가운데에는 〈송하맹호도〉가 있어요. 우리나라를 대표하는 맹수 호랑이를 그린 그림인데, 배경에 소나무가 그려져 있습니다. 짐승 가운데 으뜸인 호랑이와 가장 잘 어울리는 배경으로는 나무 중의 으뜸인 소나무일 수밖에 없었던 것이지요. 이처럼 소나무는 우리 문화의 가장 으뜸가는 자리에 놓여 있답니다.

 그림뿐이 아니에요. 옛 선비들의 시에도 소나무는 단골로 등장하는 소재입니다. 역시 나무 중의 으뜸, 혹은 우리 곁에 살아 있는 자연의 상징 가운데에는 최고의 자리에 바로 소나무를 놓는 게 우리나라 옛 선비들의 마음가짐이었다는 이야기입니다.

높은 벼슬의
기품 있는
소나무

나무가 좋다! 속리산 정이품송

우리나라의 소나무 가운데에는
벼슬을 한 나무가 있어요.

예, 맞아요. 여러분도 이미 잘 알고 있는 정이품송이 바로 그 소나무이지요. 앞에서 우리는 소나무의 한자인 송松 자를 보면서, 벼슬을 하고도 남을 만큼 훌륭한 나무라고 이야기했는데, 실제로 벼슬을 한 나무가 바로 정이품송입니다. 속리산의 큰 절, 법주사로 가다 보면 길가에서 만나게 되는 소나무입니다.

정이품송의 나이는 600살이나 됩니다. 키는 15미터이고 어른들 가슴높이쯤에서 잰 줄기둘레는 5미터쯤 되는 크고 멋진 소나무입니다. 정이품송은 천연기념물 제103호로 지정된 나무입니다.

이 소나무가 정이품의 벼슬을 얻은 것은 조선의 세조 임금 때입니다. 어느 날 세조 임금이 법주사에 볼일이 있어서 가마를 타고 이 소나무 곁을 지나게 됐답니다. 나뭇가지가 워낙 멋지게 드리워져서 임금의 가마가 나무 아래를 지나기 어려웠습니다. 그래서 세조가 '어험, 가마가 걸리겠구나' 라고 한마디 했어요. 그러자 소나무가 스스로 아래로 처진 가지를 들어 올려서 임금의 가마가 무사히 지나갈 수 있게 했다는 겁니다. 세조 임금이 소나무 곁을 지나치자 다시 소나무는 원래대로 가지를 아래로 내려놓기까지 했다는 거죠.

참 기특한 일입니다. 세조 임금조차도 놀랄 일이었습니다. 그래서 임금은 이 장한 소나무에 벼슬을 내리기로 한 겁니다. 벼슬도 높은 벼슬에 속하는 정이품을 내렸어요. 요즘으로 치면 장관급에 속하는 높은 벼슬인 정이품 벼슬은 그렇게 얻게 된 겁니다. 그때부터 이 소나무를 정이품송이라고 불렀습니다.

  이 이야기는 중국에서 전하는 전설과도 비슷합니다. 중국의 전설은 바로 소나무가 한자 이름 송松을 얻게 된 이야기입니다. 중국 진시황 때의 이야기에요. 진시황이 나들이를 갔는데, 갑자기 소나기가 쏟아져 비를 피하려 우왕좌왕하는데, 바로 옆에 있던 큰 나무가 가지를 높이 들어 왕을 피하게 해 주었다는 거예요. 그래서 이 기특한 나무에게 진시황은 곧바로 벼슬을 내렸어요. 그때 내린 벼슬이 '공작公爵'이었다고 합니다.

  그래서 사람들은 이 나무를 표시할 때, 나무木 옆에 공작 벼슬을 뜻하는 공公 자를 붙여쓰기로 한 겁니다. 소나무의 한자 이름인 '송松' 자는 그렇게 만들어진 겁니다. 정이품송에 전하는 전설과 비슷합니다. 두 이야기 모두 임금을 알아볼 만큼 영혼이 담긴 나무라는 생각에서 오랫동안 전해오는 이야기입니다.

  이런 재미있는 이야기를 담고 있는 정이품송을 요즘 찾아가 보면 아쉬움이 참 많아요. 예전의 그 멋진 모습을 상당 부분 잃었거든요. 지금은 어쩌면 죽지 못해 살아 있는 것처럼 애처로운 느낌이 들기까지 하답니다. 사방으로 골고루 퍼졌던 가지 중의 상당 부분이 부러져 나가 한눈에 봐도 허술하다는 느낌이 든답니다. 이제 죽을 때가 다가온 것 아닌가 하는 생각에서 참 아쉽기만 하답니다.

나무들도 살아 있는 생명이다 보니, 사는 동안 사람처럼 이러저러한 어려움을 겪게 마련이지요. 정이품송은 사람들이 무척 좋아해서 그랬는지, 유난히도 많은 어려움을 겪으며 오늘까지 살아왔어요. 정이품송이 겪은 고난 가운데 대표적인 사건은 1980년대 초에 처음

벌어집니다. 당시 솔잎혹파리라는 해충이 정이품송을 갉아 먹기 시작했어요. 요즘은 여러 가지로 이 해충을 예방하고 막는 방법이 개발됐지만, 그때만 하더라도 솔잎혹파리는 소나무의 생명을 위협할 만큼 치명적인 해충이었어요.

많은 사람의 노력으로 겨우 솔잎혹파리는 이겨냈지만, 그때부터 정이품송의 건강은 약해지기 시작했답니다. 나뭇가지가 부러져 균형 잡힌 예전의 모습이 깨진 것은 그로부터 10년쯤 지나서의 일입니다. 1993년 이곳에 불어온 큰 바람은 서쪽으로 뻗은 정이품송의 큰 가지를 부러뜨리고 말았어요. 가지를 사방으로 고르게 펼친 모습이 유난히 아름다웠는데, 큰 가지 하나가 부러진 겁니다. 이어서 2004년 3월에 큰 눈이 내렸을 때에도 남쪽으로 뻗었던 가지가 쌓인 눈의 무게를 이겨

내지 못하고 부러지기도 했어요.

뿐만 아닙니다. 정이품송만큼은 오래도록 잘 살려야 한다는 마음으로 사람들은 나무의 뿌리 부분에 흙을 돋우기도 했어요. 지나는 사람들이 정이품송의 뿌리를 밟지 못하도록 보호하려는 생각이었지요. 그런데, 그게 잘못된 겁니다. 나무뿌리는 숨을 쉬어야 하거든요. 땅속에서 호흡을 하기도 하지만, 그게 모자랄 때에는 땅 위로 뿌리를 뻗어 숨을 더 많이 쉬기도 하는데, 그걸 막는 바람에 정이품송이 숨을 쉬기 힘들었어요. 물론 나중에 원래의 상태로 돌려놓기는 했지만, 그때의 후유증으로 나무의 건강이 많이 약해졌어요.

이래저래 약해진 건강으로 하루하루 버티며 살던 정이품송에게 시련은 계속 찾아왔어요. 얼마 전인 2007년 3월에도 강한 바람을 못 이기고 정이품송의 큰 가지가 또 부러졌어요. 그때 부러진 가지의 속을 들여다보니, 나무줄기 속까지 썩어 있었어요. 그건 어쩌면 다른 가지나 줄기 속까지 그렇게 썩어들었을지 모른다는 걱정을 하게 만든 겁니다.

정이품송은 우리나라에서는 소나무뿐 아니라, 다른 모든 나무 가운데에 가장 훌륭한 나무의 하나임이 틀림없습니다. 그런 훌륭한 나무가 건강을 잃고 우리 곁에서 사라질 위기를 맞이했다고 생각하니 안타깝기 그지없습니다. 그래서 사람들은 정이품송이 어쩔 수 없이 죽더라도 이 나무의 유전자를 잘 보존해 그만큼 멋진 나무를 더 키워보려고 애쓰고 있지요.

여러 노력 가운데 재미있는 일도 있습니다. 바로 이 소나무를 결혼시킨 거죠. 원래 소나무는 하나의 나무에서 암꽃과 수꽃이 같이 피어나기 때문에 암나무와 수나무가 구별되지 않아요. 그러니 소나무의 결혼은 그리 어울리지 않는 이야기입니다. 하지만, 더욱 좋은 종자를 얻으려면 이 나무에서 좀 멀리 떨어진 곳에 자라면서도 이 나무만큼 멋진 소나무와 혼사를 치르는 게 좋을 것으로 생각했어요. 그래서 정이품송과 거의 비슷한 환경에서 자라는 소나무 한 그루를 찾아냈지요. 같은 속리산 자락에 있는 서원리 소나무입니다.

서원리 소나무도 무척 잘생긴 나무입니다. 정이품송처럼 천연기념물로 지정된 소나무지요. 정이품송과 좀 떨어져 있긴 하지만, 바로 옆에 놓으면 참 잘 어울릴 듯한 나무입니다. 키도 정이품송과 비슷해 15미터쯤 되는데, 줄기가 둘로 갈라져 자랐다는 점에서 정이품송과 분위기는 사뭇 다릅니다. 나이는 정이품송보다 100살쯤 더 많은 600살로 보는 나무입니다. 그러니 정이품송은 100살 연상의 부인을 얻은 셈이네요.

사람들은 정이품송에서 꽃가루를 받아 서원리 소나무의 암꽃에 정성껏 묻혀주었는데, 그게 바로 정이품송의 혼례식인 겁니다. 그 뒤부터 서원리 소나무는 정이품송의 정부인송으로 대접받는 의미 있는 나무가 되었습니다.

정부인송 외에도 우리나라에서 자라는 훌륭한 소나무와 여러 차례 혼례를 치른 끝에 정이품송은 최근 자식 나무를 얻는 데에 성공했어요. 나무를 집중적으로 연구하는 산림과학원에서 그 작업에 성공한 겁니다. 그런 노력의 결과로 정이품송의 유전자를 그대로 보존한 소나무를 쉰여덟 그루나 얻어냈어요. '천추송'이라는 이름을 갖고 6년째 자라고 있는 이 자식 나무들은 여느 소나무들과 달리 아버지인 정이품송을 닮아 곧게 솟아오르며 건강하게 잘 자라고 있다고 합니다.

세월이 흐르면 정이품송은 수명을 마치겠지만, 대를 이어 또 다른 멋진 나무들이 우리 곁에서 무럭무럭 자라게 될 겁니다.

소나무가 소원을 들어준다고?

시골 길을 여행하면서 마을 어귀라든가 마을 한가운데에 떡 버티고 서 있는 큰 나무를 본 적 있나요? 그런 나무들 가운데 어떤 나무에는 줄기에 새끼줄을 여러 겹으로 둘러쳐 놓기도 했어요. 그게 뭔지 알아요? 마을 사람들은 그런 나무를 '당산나무'라고 불러요. 한자말을 쓰기 좋아하는 어른들은 '동신목洞神木'이라고 부르기도 합니다.

당산나무들의 공통적인 특징은 우선 주위에 있는 나무들 가운데 가장 크다는 점이지요. 크기만 큰 것이 아니라, 나이도 가장 많은 나무이지요. 대개는 아주 오랫동안 그 자리에서 살아온 나무예요. 이 나무에 둘러친 새끼줄은 금줄이라고 합니다. 금줄은 매우 신성한 나무이니, 함부로 대하지 말라는 표시지요.

왜 나무를 신성하게 여긴 걸까요? 마을의 모든 사람을 건강하고 편안하게 살도록 지켜주는 게 바로 그 나무라고 생각했기 때문입니다. 농촌에서는 농사가 잘되게 하고, 어촌에서는 고기를 많이 잡을 수 있도록 도와주는게 바로 나무라고 생각했던 거예요.

왜 나무가 사람을 지켜준다고 생각했을까요? 옛날부터 사람들은 하늘의 뜻을 따라 살려고 했습니다. 하늘의 뜻이야말로 사람이 올바르고 평화롭게 살아가는 근본 원리라고 생각했어요. 그래서 사람들은 하늘을 향해 소원을 빌었지요. 또 사람들은 자신의 소원이 조금이라도 하늘에 잘 전달되기를 바랐습니다. 하늘만 바라보며 소원을 빌다 보니, 자연스레 하늘에 가까이 솟아올라 있는 나무를 보게 됐어요. 그리고 나무를 향해 소원을 빈다면, 나무가 사람의 소원을 하늘에 전할 거라고 여겼어요. 특히 기후의 영향을 많이 받는 농사나 고기잡이 일을 하는 사람들에게는 하늘의 뜻만큼 중요한 게 없었으니 그건 지극히 자연스러운 일이겠지요. 한번 생각해 보세요. 우리 사는 세상에서 사람처럼 곧바로 서서 자라는 생명체가 무엇이 있을까요? 나무밖에 없어요. 그래서 나무와 마주 서서 자신의 소원을 나무에게 빌었던 겁니다. 그런 나무들을 바로 당산나무라고 불렀습니다.

오랫동안 농업을 하면서 살아왔던 우리나라에는 당산나무가 무척 많습니다. 누구나 한 번쯤은 본 적이 있을 거예요. 우리가 지금 살펴보는 소나무 가운데에도 당산나무가 꽤 많습니다. 시골에서 볼 수 있는 당산나무는 느티나무와 소나무가 대부분입니다. 물론 남부지방으로 가면, 그 지역에서 잘 자라는 팽나무나 푸조나무가 당산나무인 경우도 적지 않지만, 전국적으로 보아서 소나무와 느티나무에 비하면 턱없이 적습니다.

우리나라에서 잘 자라는 다른 나무들도 많은데, 소나무가 당산나무로 많이 쓰이는 이유는 무엇일까요?

가장 먼저 들 수 있는 이유는 '오래 사는 나무'이기 때문입니다. 소나무는 은행나무, 느티나무와 함께 우리나라에서는 가장 오래 사는 나무입니다. 1000살은 너끈히 사는 나무이지요. 천 년을 넘게 살아온 나무들이 앞으로도 얼마나 더 살지 알 수 없으니, 수명이 얼마라고 함부로 이야기할 수도 없습니다. 그렇게 오래 살면서도 멋이 흐트러지지 않는 나무가 바로 소나무입니다.

아름답다는 건 두 번째 이유가 될 겁니다. 소나무는 굽으면 굽은 대로, 곧으면 곧은 대로 멋진 나무입니다. 곧게 자라는 나무는 무작정 위로만 치솟아 오르지 않으면서도 기품을 갖추지만, 휘어져 자라는 나무도 생김새가 불안하지 않으며 곧게 뻗친 바늘잎과 잘 어우러지기 때문에 소나무의 멋은 나라 안의 모든 나무 중 으뜸이라 할 수 있지요.

또 다른 이유를 덧붙이자면, 소나무의 푸름입니다. 소나무는 계절이 바뀌고 해를 넘겨도 언제나 푸름을 잃지 않아요. 그래서 옛 선비들은

소나무의 푸른 절개와 아무리 추워도 스러지지 않는 기상을 존중하고 스스로도 소나무처럼 살고자 했던 겁니다.

사람들은 긴 세월 동안 그리 푸르게 멋을 간직하며 살아온 나무들이 마을의 상징이자, 마을을 평화롭게 지켜준다고 믿었습니다. 그리고 한 해 한두 번씩 나무 앞에서 제사를 지내며 소원을 빌었습니다. 그 제사를 당산제라 하고, 당산제를 올리는 나무를 당산나무라 부르게 된 거죠.

그리고 보면, 소나무는 그저 우리 주변을 아름답게 꾸며주는 장식물이 아니라 우리의 삶과 함께한 매우 소중한 나무입니다. 마치 형제처럼 친근하면서도, 아버지나 할아비지처럼 늘 우리 곁에서 우리를 지켜주는 소중한 존재입니다.

나라에 세금을 내는 소나무

나무가 좋다! 예천 석송령

사람이 아닌 생물이
세금을 낸다는 이야길 들어본 적 있나요?

그런데 세금이 뭔가요? 나라를 운영하려면 돈이 필요하잖아요. 그래서 백성들에게서 받아내는 돈이 바로 세금입니다. 재산이 많은 사람은 많이 내고 적은 사람은 적게 내지만, 국민이라면 누구나 세금을 내게 되지요. 그런데 특이하게도 사람이 아닌 나무가 세금을 내요. 아마도 우리나라에서만 들을 수 있는 이야기일 거예요. 바로 경상북도 예천군 감천면 천향리 석향마을에 있는 소나무가 세금을 낸답니다.

이 소나무에는 이름도 있어요. 성은 석石이요, 이름은 송령松靈이랍니다. 어때요, 대단하죠? 석송령 소나무가 나라에 세금을 내는 것은 바로 자기 이름으로 소유한 땅이 있기 때문이에요. 점점 놀라운 이야기네요. 그렇죠? 참 이상하지요. 나무가 땅을 갖고 있다니요. 그것도 6600제곱미터옛날 단위로 말하면 2000평가 넘는 넓은 땅이에요.

석송령이 땅을 얻게 된 사연이 있어요. 이 나무가 처음 이 자리에 심어진 것은 지금부터 600년 전입니다. 그때, 이 지역에 큰 홍수가 났다고 해요. 홍수에 온갖 것들이 물에 떠내려 흘러갔는데, 그중에 뿌리째 뽑혀 떠내려가는 잘생긴 작은 소나무가 있었답니다. 그 어린나무를 본 한 나그네가 건져내서 이 자리에 심은 것이지요. 그러니까 나무가 사람의 도움으로 생명을 되찾은 셈입니다. 지금도 이 석송령 앞에는 석관천이라는 작은 개울이 흐른답니다. 나무는 자기를 살려준 사람의 은혜에 보답하려는 듯 무럭무럭 잘 자랐어요. 마을 어귀에 있던 나무는 잘 자라서 마을의 상징처럼 우뚝 섰어요. 그렇게 멋진 모습으로 자라던 1928년, 이 나무에게 그야말로 놀라운 일이 벌어집니다.

당시 이 마을에는 이수목 할아버지가 살았어요. 살림살이가 넉넉한

행복한 할아버지였는데, 딱 한 가지 아쉬움이 있었어요. 자식이 없었지요. '대를 이어가는 일'도 불가능하고, 또 살아생전에 열심히 모아둔 재산을 물려줄 자식도 없으니 걱정이 이만저만 아니었지요. 그러던 어느 날이었어요. 그날도 할아버지는 걱정하면서 마을 어귀를 산책하다가 잠시 나무 그늘에 들어와 누웠어요. 세상에 나무 그늘만큼 쉬기도 좋고, 낮잠 자기도 좋은 곳은 없을 겁니다. 솔솔 불어오는 바람을 맞으며 누워 있던 할아버지는 슬그머니 낮잠에 빠져들었답니다. 할아버지는 잠이 들어서도 자식 없는 걱정을 놓지 않았지요. 그런데 어디에선가 가만히 '걱정하지 마라' 하는 목소리가 들려왔어요. 꿈이지 싶어서 화들짝 놀라 일어났는데, 여전히 어디에선가 똑같은 목소리가 들렸어요.

"걱정하지 마라."

할아버지는 이리저리 주위를 살펴봤지만 아무도 찾을 수 없었어요. 그 소리는 바로 곁의 소나무, 바로 석송령에서 흘러나오는 소리였던 거예요. 아, 그때까지 나무에게는 별다른 이름이 없었으니 그냥 마을의 당산나무일 뿐이었지요.

그때 할아버지는 깨달았습니다. 공연히 걱정만 되풀이할 것이 아니라, 자신의 재산을 이 소나무에게 물려주면 되겠다고 생각한 거예요. 오랫동안 마을의 평안을 지켜온 나무로, 모두에게 친구처럼, 혹은 자식처럼, 때로는 부모처럼 가까이 생각하는 소중한 나무이니 재산을 물려받을 자격도 충분하다고 생각한 겁니다. 또 나무에게 재산을 물려주면, 그 재산은 다른 누구에게 물려주는 것보다 더 오랫동안 안전하고 요긴하게 쓰일 것으로 생각한 겁니다.

할아버지는 머뭇거리지 않았어요. 곧바로 군청을 찾아가 할아버지의 전 재산인 땅을 소나무에게 모두 물려주겠다고 했어요. 그런데 아직 그런 일은 없었어요. 군청 직원들도 당황했지만, 할아버지는 뜻을 굽히지 않았어요. 그러자 군청에서는 재산을 물려받으려면 나무도 사람처럼 주민등록을 해야 한다고 했습니다. 할아버지는 그 자리에서 나무의 이름을 '석송령石松靈'이라고 지었어요. 석간천이라는 개울로 떠내려와 석평마을에 자리잡았으니 성은 석石으로 하고 '영혼이 있는 소나무'라는 뜻에서 소나무 송松, 영혼 영靈을 쓴 거죠. 군청에서는 석송령에게 요즘의 주민등록번호와 같은 호적번호로 '3750-00248'를 매기고는 이 수목 할아버지의 전 재산을 옮겨주었습니다. 그때부터 오늘날까지 이 나무는 '세금 내는 나무', '부자 나무' 같은 별명을 갖고 이 마을의 상징이자 전 세계에서 처음으로 재산을 가진 나무로 알려지게 된 겁니다. 게다가 석송령의 땅에다 마을 사람들이 번갈아가며 농사를 지은 뒤, 거기에서 얻은 소득으로 마을 아이들에게 장학금을 주기도 하고, 저금통장도 만들어서 갈무리한답니다. 어때요? 재미있지요.

석송령은 현재 천연기념물 제294호로 지정돼 국가에서 보호하고 있습니다. 석송령은 소나무 중에서 줄기가 땅 바로 위에서부터 여럿으로 갈라져 넓게 뻗어 나가는 '반송' 종류입니다. 반송 중에서는 우리나라에서 가장 큰 나무라 할 수 있어요. 키는 10미터 정도이지만 가지는 동서로 24미터, 남북으로 30미터나 펼친 무척 큰 나무예요. 한 가지만 더 말하지요. 이 나무가 만들어내는 그늘은 무려 1000제곱미터가 넘습니다. 농구장 크기가 420제곱미터이니 농구장 두 개 보다 크겠어요. 이 정도면 우리나라뿐 아니라, 세계에 내놓아도 손색없는 규모의 큰 나무라 할 만한 자랑스러운 우리의 소나무입니다.

나무에 얽힌 신화의 비밀

소나무 이야기를 하면서 옛이야기를 많이 했습니다. 우리 나무에 얽힌 재미있는 이야기들이 무척 많지요? 과학사전에서 보듯 나뭇잎은 몇 장씩 어떻게 돋아나고, 꽃은 언제 피며, 열매는 어떻게 맺는다는 식으로만 나무를 배워서는 안 된다는 생각 때문에 그랬답니다. 나무는 그냥 백과사전이나 식물도감에 나오는 것처럼 식물학적인 뜻만 가진 게 아니에요.

나무는 사람이나 동물처럼 마음대로 돌아다니지도 못합니다. 비가 오나 눈이 오나 그저 한 자리에서 자라기 때문에 어쩌면 나무의 생명력을 잘 느끼지 못할지도 몰라요. 하지만, 세상에 나무만큼 오래 사는 생명체도 없잖아요. 그뿐인가요? 나무는 나이가 들면서 점점 더 아름다워지는 유일한 생명체예요. 사람이나 짐승이나 나이가 들면 점점 늙잖아요. 나무는 늙으면서 젊었을 때보다 훨씬 더 멋을 갖추는 멋진 생명체예요. 게다가 사람처럼 곧바로 서서 사람과 마주 보는 생명체는 세상에 나무밖에 없지요.

나무를 바라보면서 말없이 우리 환경에 적응하며 살아가는 진리를 배워야 하는 것도 그런 까닭에서입니다. 또 나무는 사람보다 훨씬 오래 살면서 나뭇결 안에 사람들이 살아온 내력을 고스란히 담아내는 생명체이지요. 그래서 나무를 찾아보면서, 나무에 얽힌 이야기들을 하나 둘 찾아보아야 한다는 겁니다.

그리스로마 신화 아시죠? 그 신화에는 지혜의 여신이자 전쟁과 평화의 여신인 아테나가 나옵니다. 또 아테나와 늘 맞수였던 바다의 신 포세이돈이 나오지요. 그 둘이 벌인 싸움이 있어요. 옛날 신들이 사람이 살 도시를 건설하고 나서 벌어진 싸움이었어요.

　도시를 완성하자 포세이돈과 아테나는 서로 그곳을 지배하겠다고 나섰지요. 그러나 어느 한 쪽도 양보하지 않고 싸우기만 했어요. 워낙 힘

이 막상막하인지라 싸움은 끝날 줄 몰랐습니다. 그러자 둘은 신들 가운데 최고의 신인 제우스에게 찾아가서 서로의 주장을 이야기하고 판정을 내려 달라고 했습니다. 그러자 제우스는 한참 고민한 끝에 내기 하나를 제안합니다. 그 도시에서 살게 될 인간들에게 가장 필요하고 귀중한 것을 가져오는 쪽에게 도시의 지배권을 주겠다고 한 거죠.

아테나와 포세이돈은 고심 끝에 고른 보물을 가지고 며칠 후 제우스 앞에 나섰습니다. 포세이돈은 사람들이 빠르게 이동할 수 있는 천마를 가져갔어요. 하늘을 나는 날개 달린 말이어서 아주 요긴하게 이용할 수 있는 교통수단이었지요. 포세이돈은 사람들에게 이보다 더 소중한 건 없을 거라고 확신했지요. 그러자 아테나가 비장의 무기를 꺼냈어요. 아테나 여신이 내놓은 보물은 바로 '나무'였습니다. 교통수단이 없으면 조금 느리더라도 두 다리를 움직여 가면 되지만, 나무가 없다면 사람들은 단 하루도 살 수 없다고 생각한 것입니다.

포세이돈과 아테나가 내놓은 선물을 바라보던 제우스의 선택은 그리 오래 걸리지 않았습니다. 제우스는 곧바로 아테나가 가져온 나무야말로 인간에게 가장 필요한 선물이라 판단하고 최초로 지은 인간의 도시에 대한 지배권을 아테나에게 주기로 했습니다. 그래서 그 도시의 이름은 아테나 여신의 이름을 따서 '아테네'가 되었습니다. 아테나 여신이 그때 가져온 나무는 지금도 서양 사람들이 무척 소중하게 여기는 '올리브나무'였답니다.

이런 신화는 왜 생겨난 걸까요? 또 어떻게 오랫동안 사람들의 입을 타고 전해진 걸까요? 대부분의 신화에는 사람살이의 지혜가 담겨 있게 마련입니다. 재미있는 이야기를 통해서, 우리가 무엇을 소중하게 지켜야 하고, 어떻게 살아야 하는지 가르쳐 주는 게 신화랍니다.

그러니까 최초의 도시 아테네가 생긴 신화에는 사람이 살아가면서 가장 소중하게 여겨야 하는 것이 무엇인지를 가르쳐 주려는 옛사람들의 지혜가 담겨 있는 거죠. 바로 나무입니다. 나무에서는 산소가 나온다느니, 좋은 열매가 맺힌다느니 하는 과학 지식으로 나무의 가치를 설명한 것이 아니라, 재미있는 이야기로 그 소중함을 강조한 것이지요.

우리 주변의 나무들에도 소중한 신화와 전설이 많아요. 그런 신화와 전설에 담긴 소중한 지혜를 함께 찾아보는 게 우리가 나무를 정말 소중하게 여기는 지혜를 갖추는 지름길이라는 이야기입니다. 그렇게 이야기를 통해서 알게 된 나무의 가치는 아주 오랫동안 우리의 머리와 가슴 깊숙이 남아 있게 되겠지요.

무서운 전설을
잔뜩 품은
소나무

나무가 좋다! 상주시 화서면 상현리 반송

경상북도 상주시 화서면 상현리라는 작은 마을에 가면 옛사람들의 지혜가 담긴 소나무 한 그루를 만날 수 있습니다.

이 소나무는 반송 종류입니다. 반송은 앞에서 여러 번 이야기한 것처럼 줄기가 뿌리 부분에서부터 여럿으로 나눠져 넓게 퍼지며 자라는 아름다운 소나무입니다.

천연기념물 제293호인 상현리 반송은 웅장하다기보다는 예쁘게 잘생겼습니다. 이등변삼각형 모양으로 곱게 자랐는데, 이 모습이 이 마을 사람들에게는 탑처럼 보였던 모양이에요. 나무에 '탑송塔松'이라는 별명이 붙어 있거든요. 앞에서 나무는 나이가 들면서 점점 더 아름다워진다고 했는데, 이 나무를 보면 그런 생각이 확실해집니다. 오래된 나무인데, 정말 예쁘잖아요.

이렇게 예쁘게 자란 상현리 반송은 400살쯤 되는 늙은 소나무입니다. 키가 17미터쯤 되니 다른 소나무들에 비해서도 작은 나무는 아니지요. 특히 큰 키로 자라지 않고 옆으로 넓게 퍼지는 특징을 가진 반송 종류의 소나무 가운데에서는 매우 큰 나무에 속해요. 석송령의 키가 10미터밖에 안 된다는 거 기억하시죠?

상현리 반송은 줄기가 뿌리 부분에서부터 둘로 갈라져 자랐어요. 줄기 두 개는 다시 두 개, 세 개의 가지로 갈라져, 전체적으로 보면 다섯 개의 굵은 줄기로 자라난 것처럼 보여요. 이 나무의 가지는 동서 방향으로 24미터, 남북으로는 25미터까지 넓게 퍼졌어요. 대단한 넓이입니다. 하지만 전체적으로 예쁜 모습이어서, 바라보는 사람을 주눅이 들게 할 만큼은 아니지요.

이 나무에 여러 전설이 전해오는데, 우선 나무줄기에 천 년 묵은 이무기가 살고 있다는 이야기가 있어요. 이무기가 뭔지 아나요? 이무기는 용이 되어 하늘로 승천할 준비를 하는 전설 속의 짐승입니다. 우리나라의 전설 가운데에는 용이 나오는 것도 많지만, 용이 되려다 실패한 이무기 이야기도 많아요. 특히 이무기가 둥지를 틀고 있는 나무는 헤아릴 수 없을 만큼 많습니다. 상현리 반송도 그 가운데 하나입니다. 용이 되지 못한 한을 품은 이무기가 살고 있으니, 그 이무기가 해코지라도 하면 얼마나 무섭겠어요. 그러니 가까이 접근하지 말라는 경고인 겁니다. 상현리 반송에 사는 이무기는 날씨가 흐리면, 울음소리를 내서 자기가 아직 살아 있다는 걸 표시한다고 합니다.

상현리 반송 전설은 이게 끝이 아니에요. 대개 이만큼 크고 오래된 나무에는 '나무를 훼손하면 큰 벌을 받는다' 는 전설이 붙어 있게 마련인데, 이 나무에 전하는 전설은 좀 심한 편입니다. 이 소나무에서 잎을 따는 것은 물론이고, 바닥에 떨어진 솔잎을 주워가기만 해도 천벌을 받는다는 거예요. 이건 좀 심하다 싶을 만큼 살벌합니다.

소나무는 겨울에도 푸른 잎을 떨어뜨리지 않는 늘푸른나무이지만, 한번 난 잎이 죽을 때까지 평생 달려 있는 건 아니에요. 다른 잎 지는나무처럼 가을이 됐다고 한꺼번에 잎을 떨어뜨리는 건 아니지만, 오래된 잎들을 하나둘 떨어뜨리고 새 잎을 내지요.

잠깐 재미있는 말놀이 한번 해볼까요? 농촌 마을에 가면 볼 수 있는 물을 대 놓은 넓은 곳을 뭐라 하지요? 예. 논입니다. 그 논에는 봄에 뭘 심죠? 모. 그 모가 자라면 뭐가 되나요? 벼. 가을에 추수하면 벼는 무엇으로 바뀌나요? 쌀. 쌀로 우리는 뭘 짓지요? 밥. 밥을 먹으면 우리 뱃속을 돌아서 뭐가 되어 나오지요? 예. 맞습니다. 똥이에요. 똥. 그 똥이 썩으면 뭐가 되는지 아세요? 바로바로 논에 주는 거름이 됩니다. 그러니까 논에 모를 심고, 모는 자라서 벼가 되고, 벼는 쌀이 되고, 쌀은 밥이 되었다가, 똥이 되는데, 똥은 논으로 돌아온다는 겁니다. 한 바퀴 뺑 돌아서 제자리로 돌아왔네요.

그렇게 자연에서는 어느 하나도 버려지는 것 없이 끊임없이 돌고 돕니다. 그걸 '순환'의 원리라고 해요. 논에서 밥이 나오고 똥이 논으로 가는 경우만 그런 게 아니라, 모든 자연의 생존 원리가 그러하지요. 나무도 그래요. 나무에서 잎이 떨어지면, 그냥 썩어 없어지는 게 아니라 잎은 잘 썩어서 나무의 거름이 되지요. 도시에서야 잎이 떨어지면 쓸어내기 바쁘지만 산에 가면 오래된 낙엽들이 잘 썩어서 자연스럽게 좋은 거름이 되는 걸 쉽게 볼 수 있어요.

소나무도 마찬가지입니다. 잎이 한꺼번에 후드득 떨어지는 건 아니지만, 떨어진 잎은 나무뿌리 근처에 모였다가 나무의 거름이 돼야 하지요. 그런데 소나무의 잎은 딱딱해서, 금세 안 썩어요. 만일 소나무의 잎이 썩기 전에 사람들이 다 주워가거나 쓸어 없앤다면, 나무는 얼마 뒤에 영양이 모자라게 될 겁니다.

아마도 자연의 순환 원리를 일찌감치 잘 알았던 슬기로운 어른이 바로 상주의 상현리 마을에 살았을 겁니다. 틀림없습니다. 그 어른은 나무에 거름을 주지는 못할망정, 나무 스스로 만들어낸 거름만큼은 빼

앗아 가지 말아야 한다고 생각한 거죠. 그래서 나무에서 떨어진 잎을 보호해야겠다 싶은 마음에서 이야기를 만들려고 했는데, 사람들의 마음에 더 오래 남게 하려고 좀 무시무시하게 이야기를 꾸민 것 아닐까요?

  전설이나 신화라는 게 모두 그래요. 아테네의 신화나 상현리 반송의 전설이 모두 처음 만들어졌을 때의 뜻은 똑같을 겁니다. 무엇보다 나무를 아끼고 싶었던 거죠. 나무가 잘 사는 곳이라야 사람도 잘 살 수 있다는 아주 중요한 사실을 사람들에게 알려야 하는데, 그냥 "나무를 아껴야 우리가 잘 살 수 있어요"라고 아무리 이야기해봐야 효과가 있을까요? 당장 하루 이틀 먹고 살기 바쁜 사람들로서는 그저 듣는 둥 마는 둥 하고 말 겁니다. 그래서 좀 더 마음속에 오래 남을 수 있는 전설을 지어내지 않았을까 싶은 겁니다.

  상현리 반송에 얽힌 좀 지나쳐 보이는 전설은 나무를 잘 지키려는 조상의 지혜가 담겨 있습니다. 훌륭하지 않나요? 자연의 순환 원리를 고스란히 이야기 속에 담은 거지요. 상현리 반송이 참 아름답게 자란 데에는 이처럼 훌륭한 어른들의 지혜가 담겨 있는 겁니다.

우리 소나무 지키기

4부

우리 소나무를 지켜주세요!

애국가에 나올 정도로 귀중한 나무인 소나무, 우리에게 소나무가 왜 중요한지 알겠나요? 우리는 지금까지 우리 조상들이 어떻게 소나무를 아끼고 지켜왔는지 살펴보았습니다. 조상의 귀한 정성이 오래도록 쌓여서 이토록 아름다운 소나무 숲을 우리에게 남긴 겁니다.

이제 우리 차례예요. 자연은 우리가 잠시 후손들에게 빌려 쓰는 거라는 말도 있잖아요. 우리 조상은 분명히 후손인 우리에게 빌려 쓴 숲과 그 안에서 자라는 소나무를 잘 지키기 위해 애써왔습니다. 우리도 그분들의 정성을 따라야겠지요. 그동안 아무리 잘 지켜왔다 하더라도 우리가 방심한다면, 우리 후손에게 빌려 쓰는 이 자연이 순식간에 완전히 망가질 수도 있거든요.

산에서는 큰 산불도 자주 납니다. 그때마다 조상이 애써 일군 아름다운 숲이 한순간에 시커먼 숯덩이로 변합니다. 그야말로 한순간이지요. 숲을 가꾸고 나무를 지키는 건 누구 한두 사람이 하는 것도 아니고, 어른들만 하는 일도 결코 아니랍니다. 어릴 때부터 숲을 아끼고 사랑하는 마음을 가져야만 나이가 들어서도 숲과 나무를 지킬 수 있어요.

특히 소나무는 아름다운 자연일 뿐 아니라, 우리 민족의 정신과 문화가 담겨 있는 유산이니 더 소중히 지켜야겠지요. 그런데 앞으로 70년쯤 지나면 우리나라의 모든 소나무가 완전히 사라진다, 즉 멸종한다는 이야기가 있어요. 좀 무시무시하지요? 이 이야기는 결코 과장이 아니에요. 지금 확실한 대책을 세우지 않는다면 우리나라의 모든 소나무가 완전히 사라질지도 모르는 위기에 처해 있는 게 사실이거든요.

가장 위험한 건 바로 소나무재선충병이라는 무서운 병의 위협입니다. 이 병은 소나무만 걸리는 특별한 병이에요. 이 병이 무서운 이유는 일단 걸리면 병을 이겨내고 살아날 가능성이 0퍼센트라는 것입니다. 걸리기만 하면 죽어야 하는 무서운 병이라는 이야기지요. 게다가 아직은 이 병에 대한 효과적인 대책이 없다는 것이 문제입니다.

소나무재선충병이 우리나라에서 처음 발견된 건 지금부터 20년 전입

니다. 1988년 부산의 금정산에서 처음 발견된 이 병으로 부산 지역의 산과 들에 있는 소나무 몇 그루가 죽었지요. 그 뒤 우리나라 전체로 아주 빠르게 널리 퍼졌습니다. 전염되어 번지는 속도가 놀랄 만큼 빨랐지요. 지난 2004년에는 무려 17만 그루의 소나무가 이 병으로 우리 산에서 사라져갔답니다.

이처럼 빠른 전염 속도를 바탕으로 계산해 보면, 70년 뒤에 우리나라의 모든 소나무가 죽고 만다는 계산이 나옵니다. 결코 과장이나 호들갑이 아니에요. 물론 이런 계산은 소나무재선충병의 확산을 더 이상 막지 못한 채 그냥 보고만 있을 경우입니다. 다행히 2004년 이후 산을 관리하는 산림청을 중심으로 전문가들이 모여 다양한 대책을 마련해서, 지금은 전염되지 않게 상당 부분을 막아내고 있지만 아직 안심할 단계는 아니랍니다.

가까운 일본에선 1905년에 처음으로 이 소나무재선충병이 발견됐다고 해요. 그때부터 일본 전체 지역에 이 병이 아주 빠른 속도로 번졌어요. 결국은 홋카이도를 제외한 일본 전 지역의 소나무가 사실상 모두 사라졌습니다. 그나마 국가에서 애지중지하는 일본 왕실이나 공원의 보호림 정도에서만 소나무를 볼 수 있게 됐답니다. 조금 과장해서 이야기하면, 일본에서는 마치 박물관의 오래된 유물처럼 일정한 장소에 가야만 소나무를 볼 수 있게 된 거랍니다.

중국도 마찬가지예요. 중국의 황산은 소나무로 유명하고, 세계자연유산으로 등록될 만큼 아름다운 산입니다. 그런데, 이 산 근처에서 소나무재선충병이 발생했어요. 그건 바로 세계자연유산인 황산의 소나무가 위기에 처했다는 것과 같은 이야기지요. 중국 정부는 황산의 소나무를 보호하기 위해 황산 둘레의 폭 4킬로미터, 길이 100킬로미터에 이르는 넓은 지역의 소나무를 모두 베어냈습니다. 소나무재선충병이 전염될 가능성이 있는 넓이의 소나무들을 모두 없애버린 거예요. 참 놀라운 대책이었습니다. 그래서 황산 근처에는 소나무가 전혀 없는 '무송無松 예방벨트'가 있답니다.

이처럼 치명적인 소나무재선충병은 재선충이라는 병원균과 매개곤충인 솔수염하늘소의 완벽한 공생 관계에 의해 매우 빠르게 퍼진답니다. 공생이니까, 솔수염하늘소와 재선충이 서로 도우며 살아가는데, 그 녀석들이 살기 위해 소나무를 죽이는 겁니다.

재선충은 크기가 1밀리미터 정도의 작은 곤충이지만, 한 쌍이 1주일 만에 20만 마리로 번식하는 특별한 병원균이에요. 아주 놀랄 만큼 번식 속도가 빠르답니다. 재선충은 처음에는 솔수염하늘소의 몸 안에서 자라기 시작해요. 어느 정도 자라면, 솔수염하늘소는 재선충들이 잘 살 수 있는 곳, 즉 소나무 줄기로 옮겨갑니다. 솔수염하늘소는 자신의 몸에 재선충을 안고서, 주변의 소나무를 찾아 날아갑니다. 이때 솔수염하늘소가 한 번에 날아갈 수 있는 거리가 무려 4킬로미터나 됩니다. 중국 황산의 무송 예방벨트가 4킬로미터를 기준으로 한 게 그런 까닭이었지요.

건강한 소나무를 찾아낸 솔수염하늘소는 소나무 줄기 위에 재선충을 내려놓습니다. 새 보금자리를 찾아낸 재선충은 소나무 줄기를 통해 뿌리에서부터 잎까지 올라가는 맑고 싱싱한 수액을 빨아먹고 자랍니다. 모든 나무에게 그렇듯이 수액은 소나무가 자라는 데 꼭 필요한 영양분이지만, 재선충에게도 아주 좋은 식량입니다. 좋은 식량을 먹게 된 재선충은 곧바로 번식하게 되지요. 번식 속도가 매우 빨라서 며칠 새에 수백만 마리로 늘어나게 된답니다. 이 재선충들은 소나무의 줄기 안쪽으로 파고들어 수액을 빨아먹으며 큽니다. 그런데 워낙 많은 재선충이 수액이 나오는 자리로 들어가다 보니, 결국 소나무의 수액이 이동하는 통로인 수관을 완전히 틀어막게 되는 겁니다.

수액은 나무에게 꼭 필요한 물과 영양분을 뿌리로부터 잎까지 골고루 이동시켜 나무의 건강을 유지시켜주는, 사람으로 말하면 '피'와 같은 요소이지요. 또 수액이 이동하는 통로인 수관은 사람으로 하면 피가 이동하는 혈관과 마찬가지입니다. 수관을 막아 버리니, 소나무가 어찌 살 수 있겠어요. 사람도 혈관이 막히면 곧바로 죽게 되거나, 몸 일부분이 마비되는 심각한 상태에 이르는 것과 마찬가지지요.

   수관이 완전히 막혀버린 소나무는 이제 죽을 일밖에 안 남았어요. 나무가 살아가는 데에 필요한 물과 영양분을 공급받지 못하니, 소나무는 서서히 온몸이 마릅니다. 늘 푸르던 솔잎은 차츰 희뿌예지고, 소나무 전체가 천천히 말라죽게 되는 겁니다.
   여기가 끝이 아니에요. 이렇게 소나무가 말라 죽으면, 재선충을 옮겨주었던 솔수염하늘소는 바로 그 죽은 소나무에 자신의 알을 깝니다. 즉 재선충이 말려 죽인 소나무는 솔수염하늘소의 산란 장소가 되는 거지요. 그러니까 재선충이 없으면 솔수염하늘소는 알을 깔 수 없고, 재선충은 보금자리와 먹이를 얻지 못합니다. 재선충과 솔수염하늘소가 서로 도우며 살아가는 방법이 아주 절묘합니다만, 그들이 살기 위해서 반드시 소나무를 완전히 죽여야 한다는 게 문제입니다.

재선충에 감염된 소나무는 1년 안에 완전히 말라죽는답니다. 게다가 재선충을 잡아먹는 천적도 없어요. 또 아직은 효과적인 치료약도 없습니다. 그래서 많은 전문가가 이 병의 치료 약을 만들기 위해서 애쓰고 있지만 아직은 별 성과가 없습니다.

그래서 병에 걸린 소나무를 되살리기보다는 더는 병에 걸리지 않도록 막는 게 지금으로서는 가장 중요하고도 유일한 대책이지요. 무엇보다 소나무재선충병에 걸린 나무를 빠르게 찾아내야 합니다. 이미 병에 걸린 나무는 살아날 가능성이 없으니, 아까워 말고 뽑아내야 합니다. 나무 한 그루를 살리려 애쓰다가 오히려 다른 나무까지 소나무재선충병에 걸리게 할 수 있으니까요.

소나무재선충병에 걸린 소나무는 뿌리째 뽑아내 불에 태우거나 솔수염하늘소 애벌레가 자라지 못하게 3센티미터 미만의 작은 크기로 부수고, 잘라낸 나무를 비닐로 싸서 불에 태우는 방법 외에는 뾰족한 수가 없는 실정입니다.

게다가 솔수염하늘소는 바람을 타고 최고 4킬로미터까지 날아갈 뿐 아니라, 야행성인 이 곤충이 자동차에 붙어 이동할 경우, 확산을 막는다는 게 무척 어려운 상황입니다. 그래서 '소나무재선충병 예방을 위한 점검'이라는 팻말을 걸고 곳곳의 도로에서 자동차를 점검하는 모습을 볼 수 있는 겁니다.

현재로서는 무엇보다 소나무재선충병을 빨리 발견하는 것이 제일 중요합니다. 그리고 발견한 병든 나무를 확실히 처리하는 것밖에는 도리가 없습니다. 산이나 들판에서 이유 없이 허옇게 말라 죽어가는 소나무를 보게 된다면, 산림청이나 시청·군청·구청 등에 신고하는 게 중요합니다. 지나가다가 혹시 허옇게 말라 죽어가는 소나무를 보게 된다면, 머뭇거리지 말고 그곳이 어디인지를 알아두고는 곧바로 신고해야 합니다.

무슨 일이 있어도 소나무만큼은 우리 땅에서 반드시 지켜내야 합니다. 지금 무시무시한 소나무재선충병에 대해서만 이야기했지만, 그게 아니라도 우리 땅의 소나무들은 지금 참 어렵게 지내고 있어요.

최근에 우리는 '지구온난화' 혹은 '이상기후' 같은 말을 많이 듣습니다. 소나무는 이 같은 기후 변화에 아주 예민하답니다. 지난 2008년 겨울에는 유난히 눈이 안 와서 겨울 가뭄이 심했습니다. 그러자 2009년에 들어서면서 소나무들이 시름시름 앓기 시작했어요. 특히 남부 지방의 소나무들이 심하게 앓았어요. 겨울이 지나고 봄이 왔는데, 봄 기온이 다른 해보다 무척 높았거든요. 그러자 소나무들이 하나둘 말라죽기 시작한 겁니다.

기후 문제뿐이 아니에요. 소나무에 자주 생기는 아주 위험한 해충들은 재선충이나 솔수염하늘소 말고도 또 있어요. 한때 우리나라의 산에 솔잎혹파리가 유행하면서 소나무들이 떼죽음한 적도 있거든요. 요즘은 솔잎혹파리에 대해서는 예방이나 치료법이 발달해 재선충만큼 위험하지는 않다고 하지만, 자칫 방심하면 언제 다시 솔잎혹파리의 공격으로 아름다운 소나무 숲이 완전히 망가질지도 모른답니다.

한 가지 더 이야기해야 하겠네요. 최근에 기승을 부리는 위협적인 해충으로 솔껍질깍지벌레도 있어요. 이 벌레는 주로 바닷가의 소나무들, 그러니까 곰솔에 많이 생기는 해충인데, 곰솔 줄기의 수액을 빨아먹는

통에 곰솔이 맥을 못 추고 서서히 죽어가는 위험한 해충이랍니다. 특히 울산 지역에서는 이 벌레에 감염된 숲의 규모가 해마다 4배씩 늘어나고 있어 매우 심각한 상태라고 합니다.

우리가 이런 벌레를 막아내기 위해서 무엇을 해야 할지 참 막연합니다. 그러나 너무 어렵게 생각하지 마세요. 가장 중요한 것은 소나무에 대한 우리의 생각을 고쳐먹는 겁니다. 우리 주변에 서 있는 나무를 그냥 바라보지만 말고 우리가 공들여 지켜야 하는 중요한 나무로 생각하자는 겁니다. 모든 활동의 시작은 바로 거기에서부터 이루어지는 겁니다. 그러니 당장에 소나무를 지키기 위해 우리 모두 숲으로 가서 해충을 잡자고 나설 것이 아니라, 우리 곁에 별것 아닌 듯 서 있는 소나무를 다시 한 번 바라보아요. 그렇게 우리 하나둘이 우리 곁의 소나무를 아끼기 시작한다면, 결국 우리 숲의 소나무들을 잘 지킬 수 있을 거예요.

조선시대의 정조 임금은 소나무를 해치는 송충이를 잡아서 꿀꺽 삼키기까지 했다고 이야기했지요. 그렇게까지는 아니라 해도 우리가 모두 소나무에 대한 사랑을 조금씩 키워나가야 해요. 그것이 바로 우리 땅에서 소나무가 완전히 사라질지도 모르는 위기를 이겨내는 가장 빠른 지름길입니다. 소나무를 지키는 것은 곧 단순히 나무 한 그루를 지키는 것이 아니라, 오랫동안 이어온 우리 민족의 문화와 정신을 지키는 일입니다.

늙은 소나무들의 노래

나무가 좋다! 하동 송림

소나무 이야기를
마무리할 때가 됐네요.

만나보아야 할 훌륭한 소나무들은 아직 헤아릴 수 없이 많지만, 소나무에 대한 극진한 사랑의 마음으로 여러분 스스로 천천히 찾아보는 것도 좋겠지요. 마지막으로 우리 소나무들이 한데 어우러져서 뿜어내는 소나무 숲이 얼마나 멋있는지 한 번 볼까요.

소나무 숲을 솔숲이라고 하지요. 한자로는 수풀 림林 자를 써서 송림松林이라고 합니다. 우리나라에는 아름다운 솔숲이 참 많습니다. 그 가운데 아주 오랜 역사를 갖고, 아름답게 지켜온 대표적인 솔숲 하나가 바로 경상남도 하동의 솔숲입니다. 지난 2005년에 '하동 송림'이라는 이름으로 천연기념물 제445호에 지정하여 보호하는 아름다운 숲입니다.

경상남도 하동은 아름다운 강으로 손꼽히는 섬진강이 흐르는 곳이에요. 지금 우리가 찾아가는 하동 송림은 바로 이 섬진강 변에 자리 잡은 소나무 숲입니다. 이 숲에는 소나무가 무려 750그루가 모여 자라고 있어요. 물론 마을 숲이나 해안의 방풍림 등에 1000그루 가까이 나무를 모아 심은 곳이 없는 것은 아닙니다. 그러나 하동 송림처럼 오로지 소나무를 750그루나 모아 심은 곳은 그리 흔하지 않아요.

하동의 이 솔숲은 아름답기로도 소문이 나 있지만, 하동군청과 이곳에 사는 분들이 이 숲을 지키려는 노력도 매우 훌륭하답니다. 나무 한 그루 한 그루마다 등록번호를 매겨서 보호하는 것은 다른 숲에서도 흔히 볼 수 있긴 합니다만, 등록번호를 이름표에 새겨서 나무줄기에 매단 것이 아니라, 나무 바로 앞에 조그마한 표짓돌을 만들어 예쁘게 심어두었지요. 이런 표짓돌은 다른 숲에서도 배워야 할 방식이 아닐까요. 나무줄기에 이름표를 붙여놓는 것보다 훨씬 보기 좋거든요. 그뿐만 아니라 줄기가 점점 더 크게 자라는 것도 방해하지 않으니 금상첨화지요.

이 숲을 하동 분들은 '하동 송림 공원'이라고 부르면서, 크게 둘로 나누어 관리하지요. 둘 중의 한 곳은 사람들이 편안히 들어가서 쉴 수 있지만 다른 한쪽은 절대로 들어갈 수 없어요. 그러니까 이른바 '자연휴식년제'를 실시하는 거예요. 사실 나무가 자라는 숲 속에 사람들이 많이 들어가는 게 나무에게는 전혀 좋을 게 없답니다. 이를테면 나무뿌리 위쪽의 땅으로 사람들이 많이 지나다니면 흙이 단단해지겠지요. 그러면 흙 아래 있는 뿌리가 숨을 쉬어야 할 흙의 숨구멍이 모두 막혀 버리는 겁니다. 자연히 나무는 숨이 막히게 될 테고, 그렇게 되면 나무는 차츰 건강이 나빠질 수밖에 없답니다.

그렇다고 사람과 어우러지기에 좋은 숲에 무조건 들어가지 못하게 하고 보호만 하는 것이 나을까요? 그것도 그리 좋은 방법은 아니에요. 자연이 아름답고 우리에게 좋은 것은 우리가 자연과 함께 더불어 살아가기 때문이잖아요. 그러니 무조건 자연을 보호한다며 사람과 떼어놓는다면, 그게 어디 더불어 살아가는 모습이겠어요?

그래서 하동 송림 공원에서는 사람들이 언제든 소나무 숲 안으로 들어가서 상큼한 솔숲의 공기를 흠뻑 들이마시며 쉴 수 있게 했지만, 나무를 보호하기 위해 절반의 공간에만 들어가게 하고 나머지는 사람이 들어오지 못하게 해서 보호하는 거죠. 물론 일정 기간이 지나면, 반대로 쉬었던 공간으로 사람들이 들어가게 하고, 그동안 사람들이 많이 들어갔던 숲은 쉬게 하는 겁니다. 그렇게 둘로 나누어서 번갈아 공개할 수 있는 것도 실은 이 숲이 워낙 넓기 때문입니다. 절반만 해도 충분히 넓거든요.

소나무가 모두 750그루 자란다고 했는데, 그리 빽빽하게 서 있는 것이 아니어서, 전체 넓이는 매우 넓습니다. 숲의 한쪽 끝에서 다른 쪽 끝까지의 길이가 무려 2킬로미터나 되고, 넓이로 따지면 2만 6000제곱미터가 넘는 정도입니다. 축구장 하나가 7000제곱미터를 조금 넘는 정도이니, 하동 솔숲은 축구장 네 개 정도의 규모라는 이야기예요. 얼마나 넓은지 짐작되겠죠.

이곳에 소나무를 처음 심기 시작한 것은 영조 임금이 나라를 통치하던 때였어요. 1745년에 전천상이라는 어른이 도호부사 지위로 이 지역에 오게 됐어요. 도호부사는 고려 때부터 조선시대까지 한 지방을 다스리는 벼슬 중에 제일 높은 벼슬을 가리킵니다. 그러니까 요즘으로 이야기하면 하동 군수 정도 되는 겁니다.

전천상 어른이 이 지방을 다스리려고 와 보니, 강에서 불어오는 바람 때문에 마을 사람들이 힘들어하는 걸 알게 됐어요. 강변에는 아주 고운 모래가 있는 모래밭이 있어, 강에서 바람이 불어오면 모래가 섞여서 날아들어 고통이 이만저만 아니었던 모양입니다. 그런 주민의 불편을 덜어주기 위해서 강변에 나무를 심기 시작한 겁니다. 그때 그 어른이 심은 소나무는 모두 1500그루나 됐다고 합니다. 그로부터 260년이라는 긴 세월이 흐르는 동안 1500그루의 딱 절반인 750그루가 살아남아서

지금의 아름다운 숲을 유지하고 있는 겁니다.

그냥 산속의 숲이 아니라, 사람과 함께 어우러지며 지켜온 숲이라는 점이 더더욱 소중합니다. 옛날에는 이 숲 안에 활 쏘는 연습을 하는 자리도 있었다고 합니다. 활터의 흔적 가운데 하나가 남아 있는데, 하상정이라는 정자입니다. 궁사들이 이 정자에 모여서 차례대로 활 쏘는 연습을 했다는 거죠. 사람의 흔적이 고스란히 남아 있어 더 아름다운 숲이라는 증거이기에 충분합니다.

예로부터 특별하게 지켜온 우리의 소나무는 그렇게 우리 삶과 긴밀하게 어우러지면서 이 땅에 살아남았습니다. 소나무는 숲이 되어, 혹은 마을의 상징이 되어 마을의 평화를 지켜주고, 사람들의 건강을 든든히 지켜주었습니다. 비바람 불고 눈보라 몰아쳐도 소나무는 늘 푸른 잎을 달고 이 땅을 지켜왔지요. 옛 선비들은 그런 소나무의 뜸직한 품성과 기개를 바라보며 스스로 소나무와 일치시키려 애썼고, 지금까지 이토록 아름다운 소나무를 지켜왔습니다.

이제 우리가 나서야 합니다. 우리가 잘 지켜서 이 땅에서 더 아름답고 더 풍요롭게 살아가야 할 후손들에게 물려주어야 할 우리 자연과 문화의 가장 아름다운 유산이 바로 소나무입니다.

찾아보기

궁궐을 짓는데 쓰인 나무는?　91
나무의 둘레는 어떻게 잴까?　16
딸을 낳았을 때 심었던 나무는?　52
묘지 앞에 주로 심었던 나무는?　53
반송과 처진소나무는 어떻게 구별할까?　72
백송의 잎사귀는 몇 개씩 모여날까?　63
세계에서 가장 오래 산 나무는?　33
소나무 잎과 곰솔 잎은 어떻게 다를까? 83
소나무 잎은 몇 개씩 모여날까?　45
소나무가 잘 자라려면 무엇이 필요할까?　30
소나무는 어떤 종류가 있을까?　49
소나무도 꽃을 피울까?　42
소나무를 부르는 이름들　80
숲의 천이 과정에서 소나무가 맡은 역할은? 22
아들을 낳았을 때 심었던 나무는?　52
우리나라에 소나무 숲이 많은 까닭은? 24
우리나라에서 가장 나이 많은 소나무는?　32
우리나라에서 가장 큰 소나무는?　34
우리나라에서 소나무가 자라는 곳은?　21

곰솔　78, 79, 83, 84, 85, 134
괴산 연풍면 적석리 소나무　26
괴산 청천면 삼송리 왕소나무　94
구룡목　17
구송　54
구천송　58
굴참나무　21, 91, 92
금강소나무　37, 38, 70, 72, 73, 82
금강송　29, 37, 72
금송령　91
금줄　108
꽃가루　43, 44, 107

넓은잎나무　24, 90, 91, 92
노송지대　92
느티나무　33, 53, 110
늘푸른나무　45, 99, 122
능수버들　71

다랑논　14, 15
단풍나무　24, 25
당산나무　108, 110, 111
당산제　111
대나무　61
동신목　108

레이스바크 파인　63

만년송　40
만지송　54
매화　60
무송 예방벨트　131
무주 설천면 반송　56
물푸레나무　24, 25, 90, 91, 92

바늘잎　45, 110
바늘잎나무　23
바오밥나무　47
반룡송　38, 40, 41
반송　52, 56, 57, 72, 115, 121, 122, 125
백송　60, 62, 63, 64, 67, 68, 69
백피송　62
부부송　48, 49, 70
브리슬콘 소나무　33, 34

산수유　40
삿갓솔　54
상록수　45, 99
상주 화서면 상현리 반송　120
서원리 소나무　107
석송령　76, 113, 115, 121
성황당나무　29
세한도　98, 99
소나무 꽃 42
소나무재선충병　11, 22, 129, 130, 133, 134
속리산 정이품송　102
솔껍질깍지벌레　11, 134
솔방울　44, 45
솔수염하늘소　131, 132, 134
솔숲　28, 92, 95, 96, 137, 139
솔씨　20
솔잎　45, 83, 122, 132
솔잎흑파리　105, 134

142

송松 10, 44, 62, 79, 80, 97, 104
송하맹호도 100, 101
송화 44
송홧가루 44
수꽃 42, 43, 44, 106
수나무 42, 49, 106, 107
수양버들 71
수양벚나무 71
숲의 천이 22, 25, 31, 90
스트로브잣나무 63
신갈나무 21, 24, 90, 92
씨앗 20, 23, 34, 42, 44, 45, 67

암꽃 42, 43, 44, 106, 107
암나무 42, 49, 106
암수딴그루 43
암수한그루 42, 43
애국가 8, 10, 11, 128
예산 백송 64
예천 석송령 112
오동나무 52, 53
올리브나무 118
왕소나무 95, 96
용송 97
운문사 처진소나무 74
육송 54, 80
은행나무 33, 42, 53, 110
이끼 22, 23, 31
이천 백사면 도립리 반룡송 36

자작나무 62
잣나무 63, 98
재선충 131, 132, 134
적송 79, 80, 97
전나무 33
정부인송 107
정이품송 27, 29, 33, 103, 105, 107
제주 곰솔 90
지구온난화 11, 134
지의류 22, 23, 31
진달래 23

참나무과 21
처진소나무 70, 71, 72, 74, 77

천연기념물 14, 27, 32, 33, 34, 38, 49, 66, 71, 75, 85, 107
천연기념물 제103호 103
천연기념물 제106호 67
천연기념물 제160호 85
천연기념물 제180호 71
천연기념물 제289호 14
천연기념물 제290호 95
천연기념물 제291호 57
천연기념물 제293호 121
천연기념물 제294호 115
천연기념물 제295호 71
천연기념물 제311호 85
천연기념물 제355호 85
천연기념물 제381호 38
천연기념물 제383호 27
천연기념물 제409호 71
천연기념물 제410호 71, 72
천연기념물 제430호 85
천연기념물 제441호 85
천연기념물 제445호 137
천연기념물 제460호 48, 71
천지송 54
천추송 107
춘양목 37, 72
침엽 45

탑송 121

팽나무 110
포천 직두리 부부송 46
푸조나무 110

하동 송림 136
합천 묘산면 화양리 소나무 12
해송 80
호피송 62
화이트 파인 63
황산 22, 130, 131
황장목 20
흑송 79, 80
흰소나무 62

143

고규홍

이 책을 쓴 고규홍 선생님은 서강대를 졸업하고, 십이 년 동안 중앙일보에서 기자로 일했습니다. 1999년에 퇴직한 후, 이 땅의 크고 작은 나무 이야기를 글과 사진으로 엮어내 세상에 알렸지요. 사람들의 관심에서 밀려나 있던 나무를 찾아내 천연기념물로 지정되게 한 나무도 몇 그루 있습니다. 천연기념물 제470호인 화성 전곡리 물푸레나무와 제492호인 의령 백곡리 감나무가 그런 나무들이에요.

홈페이지인 솔숲닷컴(http://solsup.com)에 '나무를 찾아서' '나무 생각' 등의 칼럼을 쓰고, 이를 '솔숲의 나무 편지'라는 이름으로 독자들에게 십이 년째 배달하고 있어요. 이 홈페이지는 정보통신부에서 지정한 '청소년 권장 사이트'랍니다.

그동안 나무를 찾아보며 쓴 글과 사진을 모아, 『이 땅의 큰 나무』(2003), 『절집나무』(2004), 『옛집의 향기, 나무』(2007), 『주말이 기다려지는 행복한 나무여행』(2007), 『나무가 말하였네』(2008) 등 여러 권의 책과 나무 사진집 『동행』(2010)을 펴냈어요. 아이들을 위해 『알면서도 모르는 나무 이야기』(2006)도 썼습니다.

현재 한림대와 인하대의 겸임교수로 활동하며, 신문과 주간 시사 잡지, 월간 잡지 등에 나무 칼럼을 쓰고 있어요. 앞으로 힘이 될 때까지 사람과 나무가 더불어 살아가는 아름다운 살림살이를 찾아내기 위해 이 땅의 나무들을 더 열심히 만나보려 해요. 특히 이 땅의 내일을 아름답게 꾸밀 우리 아이들에게 정말 필요한 나무 이야기를 더 재미있게 더 많이 들려주기 위해 애쓰고 있답니다.

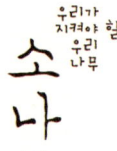

초판 발행 2010년 12월 24일
2쇄 발행 2011년 10월 20일

지은이 고규홍

펴낸이 진선희 **펴낸곳** 도서출판 다산기획 **등록** 제313-1993-103호
주소 (121-840) 서울 마포구 서교동 451-2
전화 02-337-0764 **전송** 02-337-0765
ISBN 978-89-7938-050-7 03480 | 978-89-7938-049-1 (set)

ⓒ 2010 고규홍

* 잘못 만들어진 책은 바꿔드립니다.